Clemens Bittlinger
Bleibe in Verbindung

Zu diesem Buch gibt es die passende CD
„Bleibe in Verbindung" von Clemens Bittlinger

Bestellnr.: Sanna 178 • EAN: 4029856487090

€ 14,95 bei *www.sanna-sound.de*

CLEMENS BITTLINGER

Bleibe in Verbindung

INHALT

Grußwort	6
Vorwort	7

Sieh' im Fremden das Vertraute — **9**
Resonanz — 13
Hellhörig — 18
Endlich — **22**
Achtsamkeit — 26
Zeit totschlagen ... — 27
Steige einfach ein — **30**
Jesus riskiert Kopf und Kragen — 34
Die Männer mit den Steinen — 36
Was für ein Vertrauen — **39**
Voll Vertrauen — 45
Über den Bootsrand hinaus — 47
Aufgeräumt — **49**
Das heben wir auf! — 50
Träume — 56
Jesus räumt auf — 59
Kleider machen Leute — **64**
Des Kaisers neue Kleider — 66
Der Volksmund — 68
Könnte ich sein — **72**
Ich war ein Fremder — 74
Großzügigkeit — 76
Ich stell' mir vor — **78**
Die dunkle Seite — 81
Die Wette — 84
Amazing grace — **92**
Begnadigt und doch gnadenlos — 93

Engel halten die Verbindung ... 96

Jemand streicht ums Haus ... 101
Judas ... 103
Bruder Judas ... 107

Er – sie – ich ... 110
Aus der Nähe ... 115

Dieses Land, in dem ich lebe ... 123
Schalom, lieber Freund ... 126
Unerhört ... 133

Diese schöne Traurigkeit ... 135
Warum schaust du so ernst? ... 136
Alles gut? ... 138
Der wundersame Dreiklang ... 141
Keine Verbindung ... 144
Früher saßen wir alle um einen Tisch ... 148
„Danke, dass Sie so zahlreich erschienen sind ..." ... 149

Bleibe in Verbindung ... 151
Der Lauf der Dinge ... 156
Jesus war „connected" ... 157
Wenn ihr nicht werdet wie die Kinder ... 161
Hand und Fuß ... 172
Wie können wir in Verbindung bleiben? ... 176
Freunde ... 178
Unterwegs auf Reisen ... 186
Etwas unterkühlt ... 189
Der Kirchen-Knigge ... 194
Aufsteh'n, aufeinander zugeh'n ... 196
Neues wagen ... 199

Ausblick ... 203
Dank ... 205
Literaturnachweis ... 206

Ein Grußwort von Paul Zulehner

Manche haben aus dem Evangelium von der zuvorkommenden Gnade Gottes eine Art „Worthiness-Contest" gemacht: Wer ist würdig, wer kann vor Gott bestehen? Und wir praktizieren den gleichen Umgangsstil untereinander. Vom US-amerikanischen Mystiker aus New Mexiko Richard Rohr, Franziskaner, stammt die Aussage: „It is not necessary to be perfect, but to be connected" (Es ist nicht nötig, perfekt zu sein, sondern verbunden zu sein). Moderne Wissenschaften wie Quantenphysik oder Neurobiologie sind sich einig: Resonanz macht alles Sein aus, in der materiellen Welt, im zwischenmenschlichen Bereich – aber eben auch in der spirituellen Welt, in der Religion. Religare meint verbinden, rückbinden an den Grund, aus dem wir kommen und in den wir heimkehren. „Bleibe in Verbindung" bedeutet daher: Sei lebendig! Oder altmodisch und doch wieder modern: „Werde eine Liebende, ein Liebender!"

Herzlich, Ihr Paul M. Zulehner

Bleibe in Verbindung

„Bleibe in Verbindung!" Das muss man den meisten Leuten nicht zweimal sagen, denn wir sind scheinbar ständig damit beschäftigt, „in Verbindung" zu bleiben. Es war ja auch noch nie so einfach, mit ganz vielen ständig in Verbindung zu sein. Jede neue Generation von Smartphones bietet noch schnellere und qualitativ hochwertigere Möglichkeiten via Text, Bild und Ton mit anderen pausenlos und ganz unkompliziert in Verbindung zu bleiben. Pausenlos und hier kommt die Kehrseite dieser schönen, neuen, bequemen Welt: Ständig wird man angestupst, vibriert das Handy und konkurrieren die verschiedenen WhatsApp-Gruppen miteinander. Immer und überall, so scheint es, wird etwas fotografiert, gepostet und „geliked". Und manchmal, wenn man sich in einem Restaurant, einem Zug oder einem öffentlichen Gebäude umschaut, hat man den Eindruck: Wir sind alle nicht ganz dicht! Legen Sie das Teil mal einen Tag zur Seite, dann schauen Sie auf die 500 Nachrichten, die sich da auf unseren *Accounts* der großen Datenkonzerne angesammelt haben, und die scheinbar auf eine Reaktion warten. Und Sie werden erschrocken feststellen: Wir verschleudern unsere kostbare Zeit mit Nichtigkeiten. Wir „vertreiben uns die Zeit", und sie nimmt entsetzt „Reißaus." Aufgescheucht durch das endgültige Inkrafttreten der EU-Datenschutzverordnung im Mai 2018 wurden wir E-Mail-Empfänger überflutet mit Newsletter-E-Mails, die darum baten, dass wir doch mit den jeweiligen Absendern in Verbindung bleiben mögen, und oft sollten wir dies ausdrücklich noch einmal bestätigen. Eine gute

Möglichkeit, auszusortieren, mit wem ich noch in Verbindung bleiben möchte, und mit welchem Anbieter eben nicht mehr.

„Du musst nicht perfekt sein, aber bleibe in Verbindung" (Richard Rohr). Dieses Leben wird gelingen, wenn wir mit den Menschen, die wir lieben und mit denen wir zusammenleben und -arbeiten, so in Verbindung bleiben, dass wir verstehen und fühlen, wie es wirklich um sie steht. Die Sucht, via sogenannter „sozialer Netzwerke" mit möglichst vielen in Verbindung zu sein, bewirkt dabei oft das genaue Gegenteil.

Doch wie können wir wirklich „in Verbindung" zu dem und zu denen bleiben, die uns wichtig sind? In diesem Buch gehe ich an den 14 Songs meines Albums „Bleibe in Verbindung" entlang und entfalte anhand der einzelnen Songtexte die vielen Möglichkeiten, die wir in unserem Alltag haben, mit unserem Umfeld in eine wache und achtsame Verbindung zu treten und in ihr zu bleiben. Im empfehle ergänzend zu der Lektüre dieses Buches auf jeden Fall auch die CD „Bleibe in Verbindung", denn Musik schafft noch einmal eine ganz andere Verbindung zu den inneren Schwingungen unserer Seele.

Clemens Bittlinger, im Sommer 2018

Sieh' im Fremden das Vertraute

Manche Leute möchten gerne, wenn sie in Urlaub fahren, genau das vorfinden, was sie von zuhause gewohnt sind. Naja, nicht ganz, sie wünschen sich einen schönen Strand, Palmen und viel Sonne. Ansonsten aber sollte es doch bitte wie zuhause zugehen. Wiener Schnitzel, Steaks und Bratwürste, Pommes, Bratkartoffeln usw. sollten bitte schön auf der Speisekarte stehen. Auch bei den Getränken möchte man sein gewohntes Bier vorfinden und eben die Getränke, die wir aus der Heimat gewohnt sind: wenn möglich, die altbekannten Brauereien. Und so kommt es, dass z. B. ein Weißbier sich in teilweise exotischen Ländern etablieren konnte, ganz einfach, weil die Touristen eine entsprechende Nachfrage erzeugt haben. Viele „Urlaubsparadiese" und Hotel Resorts, die sich z. B. auf deutsche Urlauber spezialisiert haben, sind aus diesem Grund oftmals ghettoartig angelegt. Die Besonderheiten des jeweiligen Landes werden den Urlaubern nur in homöopathischen Dosen, via entsprechende Animations- und Unterhaltungsprogramme, gewissermaßen „sanft" vermittelt, das Gleiche gilt für die dargebotenen Speisen und Cocktails – „man kann es ja mal probieren …". Dass diese Art der kulturellen Begegnung nur sehr wenig bis gar nichts mit den Bräuchen, Speisen und Düften eines besuchten Landes zu tun hat, realisieren wohl die wenigsten, und vielen ist es auch schlicht und ergreifend egal – man möchte das Beste und Schönste eines Urlaubslandes sehr gerne kombinieren mit dem Schönsten und Besten aus dem Heimatland. Das ist sicherlich auch ein Grund, warum die Kreuzfahrten sich einer so großen Beliebtheit erfreuen. Die Reisenden befinden sich in/ auf einem schwimmenden europäisch-deutschen vier bis fünf Sternehotel und „erobern" auf diese Weise fremde Welten. Oder anders ausgedrückt: Die Welt kommt zu ihnen, wird gewissermaßen „ans Sofa auf dem Balkon" der luxuriösen Schiffskabine „geliefert".

Wenn ein Kreuzfahrtschiff dann im Hafen einer großen, fremden Stadt anlandet, werden durchgetaktete Ausflüge – selbstverständlich mit einer deutschsprachigen Reiseführerin – angeboten, die die Reisenden gerne annehmen. Begegnungen mit den Einheimischen finden nur insofern statt, als die jeweilige Reiseführerin in der Regel eine Einheimische ist, die dann von den Reisenden ausführlich befragt wird: „Was verdienen die Menschen bei Ihnen im Durchschnitt?" „Was kostet hier eine Wohnung?" „Gibt es bei Ihnen freie Wahlen?" Diese Fragen entlarven die vorgefertigten Klischees, die die jeweiligen Fragesteller „im Gepäck" haben, und sie dienen oft dem Bedürfnis, eine Bestätigung dafür zu bekommen, dass es Zuhause eben doch am schönsten und am besten ist. Komisch nur, dass diese Menschen dann das Bedürfnis haben, ständig verreisen zu müssen.

Kreuzfahrten haben den Vorteil: Man muss sich nicht alle zwei oder drei Nächte auf neue Hotels einstellen. Das Kreuzfahrtschiff liegt meistens an einer sehr zentralen Stelle mitten im Hafen einer Stadt und am Morgen, Mittag und Abend gibt es das gewohnte europäische Essen in einem Fünf-Gänge-Menue. Nur wenige sind bereit, sich tatsächlich auf die kulinarischen Köstlichkeiten der Fremde einzulassen. Ich gebe zu, dass ich persönlich auch eher dazu neige, auf Altbewährtes zurückzugreifen, als irgendwelche Experimente in Sachen Magen-Darm einzugehen. Aber wenn ich mich dann einmal darauf eingelassen habe, ein besonderes Getränk oder eine bestimmte landestypische Speise auszuprobieren, war es oft eine besondere Erfahrung. Erfahrene Kreuzfahrtteilnehmer erwecken gerne den Eindruck, sie hätten die Welt gesehen. Bei einem längeren und intensiveren Gespräch habe ich dann oft den

Eindruck gewonnen: Sie haben einiges gesehen, aber nur sehr wenig mitbekommen. Von dem Weltreisenden Alexander von Humboldt stammt der Satz: „Die gefährlichste aller Weltanschauungen ist die der Leute, welche die Welt nie angeschaut haben." Noch gefährlicher finde ich die Weltanschauung derer, die meinen, die Welt gesehen zu haben, diese jedoch immer nur aus dem Kokon ihrer Vorurteile in Augenschein genommen haben.

Als Bordseelsorger habe ich etliche große Reisen begleiten dürfen. Von daher weiß ich aus eigener Erfahrung, wie wenig man tatsächlich ein Land, wie z. B. Japan, durch drei oder vier Stopps kennenlernt. Oder man macht sich den beschränkten Blick von vorneherein bewusst und versucht, doch irgendwie einen authentischen Eindruck von Land und Leuten zu bekommen. Ganz andere Erfahrungen habe ich als musikalischer Botschafter der Christoffel-Blindenmission (CBM) bei meinen Projektreisen in Indien, Brasilien und Tansania machen dürfen. Ich habe es als beglückend empfunden, als Teil einer Organisation vor Ort zu sein, die die Nöte der Menschen sieht und ernst nimmt, und dadurch wirklich Blicke „hinter die Kulissen" werfen zu können.

Immer wieder habe ich erlebt, wie schnell man durch Musik und Gesang mit ganz fremden Menschen und weit entfernten Völkern in einen guten, unmittelbaren Kontakt kommen kann. Der Survivalspezialist Rüdiger Nehberg hat mir einmal erzählt, dass er die ganze Zeit Mundharmonika spielte, als er im Urwald fremdes Terrain betrat, um durch die Musik zu signalisieren: „Ich komme in freundlicher Absicht!" Durch den Klimawandel ist unser kleiner blauer Planet in großer Gefahr, und wir Menschen haben keinen anderen Ort, um im Weltall zu existieren. Wie dumm ist es dann, dass wir uns anfeinden, abgrenzen und bekriegen, anstatt uns wirklich zu begegnen und im Fremden einen Freund zu sehen.

„SIEH' IM FREMDEN DAS VERTRAUTE ..."

Sieh' im Fremden das Vertraute,
sieh' im Dunkeln schon das Licht,
in Ruinen einst Erbautes,
schaue hin, verschließ' dich nicht.

Hör' im Fremden das Gewohnte,
hör', wie schön die Sprache klingt,
überall wo Menschen wohnen,
gibt es manchen, der auch singt.

Spür' im Kalten auch das Warme,
glaube, dass die Liebe siegt,
öffne, öffne weit die Arme,
spüre, wie die Seele fliegt.

Sieh' im Fremden den Bekannten,
sieh dich selbst in fremder Haut,
alle Menschen sind Verwandte,
sind aus Sternenstaub gebaut.

TEXT: CLEMENS BITTLINGER | MUSIK: DAVID PLÜSS

„Der Menschheit bleiben noch etwa 100 Jahre Zeit, dann muss sie diesen Planeten verlassen und sich eine neue Heimat suchen!" Diese düstere Prophezeiung bzw. Einschätzung aus dem Jahr 2017 stammt von dem mittlerweile leider verstorbenen Astrophysiker Steven Hawking. Düster vor allem deshalb, weil wir nicht die Möglichkeit haben, umzuziehen. Dabei gäbe es im Weltraum sicherlich genug Alternativen an

Planeten, auf denen Leben möglich wäre und ist. Schon gleich in dem uns am nächsten gelegenen Sonnensystem „Proxima Centauri" scheint es einen erdähnlichen Planeten in der habitablen Zone zu geben. Das Problem: „Proxima Centauri" ist vier Lichtjahre von der Erde entfernt. Selbst bei der schnellsten, uns heute bekannten Fortbewegungsmöglichkeit würde es 72.000 Jahre bzw. 1.000 Generationen dauern, bis wir dort wären. Wir sind zwar Kinder des Weltalls, aber wir sind nicht für das Weltall geschaffen, wir können uns nicht darin bewegen. Mit unserem Konzertprogramm „Urknall & Sternenstaub" begeben wir uns, gemeinsam mit dem Münchner Astrophysiker Andreas Burkert, auf eine multimediale Reise in die unendlichen Dimensionen des Kosmos. Jedes Mal bin ich erneut fasziniert und erschüttert von der kalten und brutalen Schönheit der Galaxien und Sonnensysteme. Und jedes Mal wird mir neu bewusst, welch ein Geschenk unser Leben hier auf dieser Erde ist, und wie dumm wir Menschen im Grunde sind, dass wir es nicht schaffen, das Leben hier so zu gestalten, dass alle oder zumindest die meisten sich wohl fühlen. Statt unseren wunderbaren Planeten zu pflegen und wertzuschätzen, schröpfen wir die Erde und beuten sie aus.

Resonanz

„Wie man in den Wald hineinruft, so schallt es zurück", sagt ein altes Sprichwort. Alles, was wir tun und sagen und auch alles, was wir nicht tun und nicht sagen, hat eine Auswirkung. Diese Auswirkung nennt man Resonanz, ohne sie können wir nicht leben, sie ist unser Lebenselixier. Schon der Mathematiker und Philosoph Pythagoras (570–510 v. Chr.) erkannte in der Musik ein Heilmittel, das Resonanz im Körper auslöst und so die durcheinander geratenen Schwingungen im Menschen, die ihn krank machen, wieder in Ordnung bringt.

Als ich anfing, Lieder zu schreiben, habe ich diese sehr schüchtern, aufgeregt und mit roten Ohren einem kleinen Kreis von Menschen vorgetragen. Ich war gespannt, wie kommen meine Lieder an? Die positiven Reaktionen auf meine Melodien und Texte haben mich dann ermutigt, weiterzuschreiben und zu komponieren, bis schließlich sogar ein Beruf daraus wurde.

Der Begriff „Resonanz" kommt ursprünglich aus der Akustiklehre. „Re"– „sonare" ist lateinisch und heißt „wieder/zurück"– „klingen/ tönen/schwingen". Der Begriff beschreibt im Grunde nichts anderes, als die Art und Weise, wie die Saiten eines Instrumentes (einer Geige, eines Cellos) beim Erklingen von bestimmten Tönen mitschwingen und akustisch reagieren. Dabei kommt dem „Resonanz"-boden eine wichtige Rolle zu, denn der hat die Aufgabe, z. B. bei einem Klavier oder einer Geige, die Auswirkung der Schwingungen zu verstärken und hörbar zu machen.

In seinem Buch „Resonanz, eine Soziologie der Weltbeziehung" (Suhrkamp, Berlin 2016) kommt der Autor Hartmut Rosa zu dem Schluss, dass wir in einer immer schneller werdenden Welt mehr denn je auf die Resonanz – (psychologisch gesagt: „was es mit uns macht") – achten sollten und dabei eine neue Sensibilität dafür entwickeln sollten, wo die Faktoren, die auf unser Leben und auf diese Welt einwirken, stimmig und heilsam sind, und wo nicht. Leben kann nur in einem Umfeld stabiler Resonanzen gelingen.

„Man kann nicht nicht kommunizieren!", hat der amerikanische Psychologe Paul Watzlawick einmal gesagt. Resonanz ist die Grundvoraussetzung für jegliche Kommunikation. Das heißt, auch wenn ich den ganzen Abend mit verschränkten Armen nur dasitze und stumm bin, sage ich etwas, löst mein Verhalten bei anderen etwas aus. Das, was für die Akustiklehre und die physikalischen Formeln gilt, spielt gerade auch in der Kommunikation eine elementare Rolle. Dabei kann eine kleine Ursache oft eine große Wirkung erzielen. Wenn ich einen Menschen beleidige oder verbal verletze, kann das viel größere Auswirkungen haben, als ich vielleicht beabsichtigt habe oder einschätzen konnte. Deshalb sollte man vorsichtig sein und sich gut überlegen, wie man mit anderen kommuniziert, vor allem dann, wenn die Wut hochkocht und wir dazu neigen überzureagieren.

Immer wieder mal habe ich in den Fußgängerzonen unserer großen Städte fasziniert jenen Straßenmusikern gelauscht, die ein Instrument vor sich stehen hatten, das wie eine Mischung aus Ufo und Weber®-Grill aussah. Diesem Instrument entlockten die Künstler wundersame Klänge, die an eine akustische Verschmelzung von Steeldrums und Klangschalen erinnerten. Das Urinstrument dieser Art wurde von den Künstlern Felix Rohner und Sabina Schärer aus Bern (Schweiz) im Jahr 2000 entwickelt, und es nennt sich „Hang", was zwar geheimnisvoll asiatisch klingt, aber letztendlich nur das berndeutsche Wort für „Hand" ist. Und so wird dieses Instrument auch gespielt: Es wird perkussiv mit der Hand beklopft und gestreichelt und klingt einfach umwerfend, finde ich. „Wie schön muss dieses Instrument in einer Kirche klingen?", dachte ich bei mir und begann, mich schlau zu machen, wie und wo wir solch ein Instrument erwerben könnten. Dabei stellte sich sehr schnell heraus, dass die ursprünglichen Entwickler der Hang sich bereits wieder aus dem Markt zurückgezogen hatten, weil sie irgendwie mit dem Hype, den ihr Instrument ausgelöst hatte, nicht klarkamen. Aber zum Glück gab es mittlerweile schon verschiedene Instrumentenbauer, die dieses akustische Wunderwerk unter dem Begriff „Handpan" gleichwertig oder vielleicht sogar noch ausgereifter nachbauten. Gemeinsam mit meinem lieben Mitmusikanten David Kandert besuchten wir einen Laden in Frankfurt, der, oh Wunder, tatsächlich fünf Handpans in den unterschiedlichsten Tonlagen vorrätig hatte. David nahm sich etwa drei Stunden Zeit und probierte sie alle aus. Schließlich entschieden wir uns für ein sehr schönes Instrument in der Tonart d-Moll. Gleich die ersten Konzerte, bei denen wir unsere Neuerwerbung zum Klingen brachten, bestätigten meine Vermutung: Die Resonanz war beeindruckend. Die Kirche als großer akustischer Klangraum ließ, ähnlich wie bei einem Gong, die Töne und Klänge, die David diesem Instrument entlockte, anschwellen und zurückklingen. Auf diese Weise wurde eine wundersame Klangwelt und -atmosphäre erzeugt, die beim Publikum eine einhellige Resonanz hervorrief: faszinierte Begeisterung.

Bei unserem Konzertprogramm „Atem – Klang der Seele" spielen wir inhaltlich mit der Tatsache, dass in der hebräischen Sprache, die ja die Ursprache der Bibel ist, das Wort für Seele, Kehle und Leben identisch ist, es heißt „*Näfäsch*". Das heißt, in dem Moment, in dem wir beginnen zu singen, nutzen wir die Resonanzräume in unserem Körper, um einen möglichst vollen Klang zu erzeugen. Unser Publikum weiß und schätzt es, dass wir die Menschen, die da sind, als Resonanzräume „nutzen", indem wir viel und kräftig gemeinsam singen. Auf diese Weise bringen wir auch die oft sehr wohltuenden Klangräume unserer Kirchen zum Schwingen. Wenn das Wort „*Näfäsch*" Seele und gleichzeitig Kehle bedeutet, so steckt dahinter die weise Erkenntnis und die uralte spirituelle Erfahrung, dass wir in dem Moment, in dem wir Gott loben, die Seele zum Schwingen bringen. In seinem Buch „Herztöne" (adeo, Wetzlar 2017) schreibt der begnadete Geigenbauer Martin Schleske Folgendes: „Wie eine Geigensaite durch den Bogen des Musikers angeregt wird und diese Anregung im Korpus der Geige auf Resonanz stößt, so ist das Herz des Menschen ein Resonanzkörper, es ist ein empfängliches und erregbares Instrument in einem urgewaltigen Konzert des Lebens" (S. 104).

Was für ein schöner Gedanke: Unser Herz, aber auch unsere Körper als Resonanzboden für die heilsamen Schwingungen Gottes.

Schon zu Zeiten des Alten Testamentes wusste man um die heilsame Wirkung und die therapeutische Dimension der geistlichen Musik. Im Buch Samuel wird beschrieben, wie der König Saul immer wieder von Tobsuchtsanfällen heimgesucht wurde (1. Sam. 16, 14-23). Die Gelehrten sahen darin einen bösen Geist (von Gott geschickt), und sie wussten sich keinen anderen Rat, als nach einem Mann zu suchen, der *„des Saiten- spiels kundig"* und somit in der Lage wäre, den „ausflippenden" Saul mit den Klängen seiner Harfe zu besänftigen. Nach längerem Suchen fand man schließlich den Hirtenjungen David, der gut aussah, von dem eine positive Ausstrahlung ausging, und der außerdem noch sehr geschickt mit der Harfe umgehen konnte. Sooft nun *„der böse Geist von Gott"* (Vers 23) über Saul herfiel, spielte der junge David auf seiner Harfe und besänftigte so den tobenden König. Die Resonanz zeigte sich darin, dass Saul ruhig wurde, und es ihm wieder besser ging.

Bei diesem alten Bild von dem sich allmählich beruhigenden König Saul kommt das Thema Atmung ins Spiel. Wenn ich aufgeregt, ver- ärgert, wütend oder verspannt bin, dann atme ich flach und stoßweise. Über den Atem kann ich die Resonanz in mir positiv beeinflussen. Optimal ist es, wenn unser Atemrhythmus bis in den Bauchraum frei fließen kann.

In der Verhaltenspsychologie spielt das Thema Resonanz vor allem im Bereich der sogenannten Spiegelneuronen eine wichtige Rolle. Spiegelneuronen steuern vermutlich unser Imitations- und Empathie- verhalten. Das kennen wir alle: Wenn jemand in unserer Umgebung gähnt, regt sich auch bei uns bald der Drang, es ihm nachzutun. Die Forscher Elisabetta Palagi und Ivan Norscia von der Universität Pisa berichteten vor einiger Zeit im Bayerischen Rundfunk (Sendung ARD-alpha, Montag, 23.05.2016, 14:00 bis 14:15 Uhr): Es hängt von der emotionalen Nähe ab, ob wir uns vom Gähnen anstecken lassen. Am häufigsten lassen wir uns von Familienmitgliedern zum Gähnen anstecken, seltener von Freunden und Bekannten und noch seltener von ganz Fremden. Oder wenn jemand vor Ihnen sitzt und Ihnen ausführlich seine Rückenverspannungen beschreibt, merken Sie auf einmal, dass Ihnen auch der Rücken weh tut. Oder, wenn jemand aus dem Urlaub berichtet, wie er des Nachts von Bettwanzen überfallen und ausgesaugt wurde, dann merken wir beim Zuhören, dass bei uns gewisse Hautpartien anfangen zu kribbeln. Um jetzt zum Beispiel nicht anzufangen, sich zu kratzen oder nach einer Salbe zu suchen, muss man sich eigentlich nur bewusst machen, dass diese Empfindungen von außen angestoßen werden und ich mir immer die Frage stellen kann und muss, welche Resonanz sie bei mir auslösen. Die Art und Weise, wie ich auf einen Vorgang reagiere/resoniere, kann ich dann z. B. über eine Vertiefung meiner Atmung mildern.

Nicht nur das soziale Verhalten löst Resonanzen in uns aus. Auch die Natur kann uns innerlich und äußerlich mitschwingen lassen. Wie schön und wie wohltuend ist es doch, an einem weiten Strand zu stehen, kräftig durchzuatmen, hellhörig zu werden und den Bezug zu mir selbst neu zu finden:

HELLHÖRIG

Hell hör ich
auf weißem Sand
Wellen rollen hin und her,
hör sie rauschen
an den Strand,
weiten die Gedanken mir.

Wind und Wellen,
Ewigkeit spielt

und tanzt mit mir,
tragt mich fort
für kurze Zeit,
tragt mich auf das Meer.

Hellhörig,
das Helle hören,
Licht und Klarheit
dem Verstand.
Hellhörig,
das Dunkle hören,
Dumpfes
aus dem Schattenland.

Hell hör ich
die Tiefe klingen,
unter mir
der große Klang.
Ich beginne
einzustimmen
in den alten
Urgesang.

Hell hör ich
die Schöpfung singen,
lausche ihrem
vollen Klang,
stimme ein
in dieses Klingen,
fange Gott
zu loben an.

Hell und wach –
so will ich leben,
hören, schauen
und verstehen,
mich nicht schnell
zufriedengeben,
hinter die Kulissen
sehn.

Hellhörig,
das Helle hören,
Licht und Klarheit
dem Verstand,
hellhörig,
das Dunkle hören,
Dumpfes
aus dem Schattenland.

Hellhörig
auf weißem Sand
Wellen rollen hin und her,
hör sie rauschen
an den Strand,
weiten die Gedanken mir.

TEXT: CLEMENS BITTLINGER | MUSIK: DAVID PLÜSS (CD „HELLHÖRIG")

Übung: Ich begebe mich an einen Ort, an dem ich mich wohl fühle.
Ich setze mich bewusst hin, und nehme meinen Platz ein. Ich nehme
den Boden unter meinen Füssen wahr und den Halt, den mir mein

Sitzplatz bietet. Wie sitze ich? Kann ich die Qualität meiner Position irgendwie noch verbessern? Ich versuche so bequem, so gelassen wie möglich zu sitzen. Ich schließe die Augen. Ich lausche in mich hinein und überlasse mich den Bewegungen meines Atems. Bei jedem Ausatmen versuche ich, mein Gewicht noch mehr an die Unterlage abzugeben, um mich mit jedem Einatmen neu mit Raum und Energie füllen zu lassen. So werde ich ruhig, entspannt und wach.

Ich öffne die Augen und meditiere die Zeile: *„Sieh im Fremden den Bekannten, sieh' dich selbst in fremder Haut."* Was löst dieser Satz in mir aus? Fühle ich mich wohl in meiner Haut? Wie wäre es eine andere Haut, bzw. Hautfarbe zu haben? Was würde sich ändern?

Endlich

Seitdem ich mein Smartphone verlegt habe, habe ich viel mehr Zeit! Alle sagten mir immer: „Mit so einem Smartphone sparst du unheimlich viel Zeit, du kannst die Dinge immer ganz schnell und vor Ort erledigen!" Genau das ist das Problem, ich erlebe ja täglich, dass die Leute um mich herum überhaupt keine Zeit mehr haben. Ständig starren sie auf das Display ihres Gerätes und wischen darauf herum. Der Fernkontakt ist oft wichtiger als der Nahkontakt:

„Das Eigentliche ist die Muße", hat jemand mal gesagt und stand damit ganz in der Tradition des antiken Philosophen Aristoteles, der die Muße als höchstes Ziel jeglicher Arbeit und Anstrengung verstand. Ein guter Freund von mir sagte einmal: „Sollte ich jemals wiedergeboren werden, dann möchte ich als mein Hund wieder auf die Welt kommen, dem geht es einfach gut, der macht sich keine Sorgen, der kriegt sein Fressen, wird gestreichelt, geliebt und umsorgt und liegt die meiste Zeit träge in der Ecke." Doch wie gelingt es uns angesichts unserer inneren „To-do-Listen", aus dem sich scheinbar immer schneller drehenden Hamsterrad auszusteigen? Das Perfide an einem Hamsterrad ist ja, dass wir gar nicht von außen angetrieben werden, sondern dass wir das Tempo selbst bestimmen. Manche erliegen dabei der Selbsttäuschung, das Hamsterrad sei eine Karriereleiter. Von frühester Kindheit an werden wir darauf getrimmt, unseren Tag vollzupacken: „Carpe diem!" – „Nutze den Tag!" Von dem Reformator Martin Luther stammt der Satz: „Der Mensch ist zum Arbeiten geboren, wie der Vogel zum Fliegen." Und damit beide Elternteile diesem scheinbaren Ideal Folge leisten können, werden wir schon vom Kleinkindalter an rund um die Uhr in Kitas, Kindergärten und Ganztagsschulen bespaßt, beschult und beschäftigt. Wir sind eine Leistungsgesellschaft, und wer nichts leistet, so scheint es, ist auch nichts wert. Das wird den Kindern schon sehr früh eingetrichtert, und deshalb werden sie auch ständig beschäftigt. Der Satz „Kinder, in den nächsten zwei Stunden dürft ihr mal machen, was ihr wollt!" löst bei diesen oftmals große Ratlosigkeit aus, denn „einfach so", ohne Internet und Smartphone, wissen viele Kinder gar nichts mehr mit ihrer freien Zeit anzufangen. Das kann dann schon mal in das Aufseufzen eines Kindes münden: „Müssen wir heute schon wieder machen, was wir wollen?" Dabei sind Zeiten der Langeweile, in denen mal nichts läuft, in denen wir tagträumen können, enorm wichtig. In solchen Zeiten erwacht die Kreativität: Wir überlegen uns, was wir mit unserer freien Zeit jetzt anfangen können, und wie wir das, was wir gerade zur Hand haben, spielerisch einsetzen können.

Als Astrid Lindgren ihre Kinderromanfigur Pippi Langstrumpf zum Leben erweckte, setzte sie damit ein äußerst phantasievolles, kreatives Wesen in die Welt, das sich mit der Kraft der eigenen Imagination eine zauberhafte, bunte Welt gewissermaßen aus dem Nichts erschuf: „Ich mach' mir die Welt, widde widde wie sie mir gefällt…".

Ein Mann im Rentenalter erzählte mir freudestrahlend, dass er sechs Bypass-Operationen hinter sich hätte und dass diese erzwungene Auszeit sein Leben radikal verändert hätte: „Ich hatte auf einmal Zeit. Als Landwirt kannte ich eigentlich nur eines: Arbeiten, arbeiten, arbeiten. Das Vieh im Stall konnte ja auch keine Ferien machen. Und Leute zu finden, die einen da eben mal vertreten, ist praktisch nicht möglich." Doch dann kamen diese Beschwerden und er musste ins Krankenhaus – insgesamt sechsmal innerhalb von drei Jahren. Auf einmal war vieles möglich: Über einen Notdienst wurden Aushilfen für den Hof organisiert, und er konnte sich die Zeit nehmen, seine Krankheit auszukurieren. „Zum ersten Mal in meinem Leben hatte ich Zeit, sehr viel Zeit, und so begann ich, mein Leben zu betrachten. Ich begann, über unsere Ehe und unsere Familie nachzudenken, und ich verspürte auf einmal eine unglaubliche Dankbarkeit für alles, was mir und uns geschenkt wurde!", so erzählte er mir. Er fing an, die Bibel und geistliche Bücher zu lesen. Und er fing wieder an zu beten und sein Leben als von Gott geschenkt zu verstehen. Gemeinsam mit seiner Frau begann er, sein Leben neu zu organisieren und regelmäßige Zeiten der Muße einzuplanen. Früher dachte er: „Ich kann doch nicht einfach rumsitzen und Däumchen drehen." Nun dachte er: „Es ist mal wieder Zeit, Däumchen zu drehen."

Apropos „Däumchen drehen": Als der schwedische Bischof Martin Lönnebo bei einem Aufenthalt in Griechenland die Fischer im Hafen beobachtete, wie sie den ganzen Tag in den Cafés saßen und mit der rechten Hand ständig die Komboloi (Perlenbänder) bewegten, kam er auf die Idee, „Perlenbänder des Glaubens" zu entwickeln – also aus der Beobachtung einer südländischen Variante des Däumchen drehens. Auf diese Weise verbinden die „Perlen des Glaubens" das Däumchen drehen mit einem spirituellen Weg: Ich nutze die Zeit, in der ich einfach nur dasitze, um zu beten oder über eine Perle zu meditieren, – ganz ohne Stress, gewissermaßen nebenbei – und pflege dabei meinen Glauben und meine Beziehung zu Gott, bleibe durch die Muße in Verbindung mit ihm.

Sagt die Frau zu ihrem spät heimkehrenden Ehemann: „Sag mal, musst du eigentlich jeden Abend so lange in die Kneipe gehen?" Darauf erwidert dieser: „Ich muss gar nichts, ich mach das freiwillig!"

ENDLICH

Endlich haben wir gewonnen,
vor uns liegt unendlich Zeit,

sind dem Druck und Stress entronnen,
atmen durch, sind wie befreit,
haben endlich Zeit zu leben,
denn in der Vergangenheit
hat sich das nicht oft ergeben:
du und ich, nur wir zu zweit.

Endlich, endlich haben wir
Zeit gewonnen, Zeit, in der wir hier
spüren, ahnen diese Möglichkeit,
Zeit zu haben in der Endlichkeit.

Endlich ist doch unser Bleiben
hier und jetzt auf dieser Welt,
Zeit, die wir uns oft vertreiben,
weil uns nichts Besseres einfällt.
Dabei wurde uns gegeben
dies Geschenk aus guter Hand,
dass wir wach und offen leben,
voller Lust und mit Verstand.

Zeit ist eine Kostbarkeit,
die darf ich mir pflücken,
dort am Baum der Ewigkeit
wird sie mich beglücken.
Wer sich Zeit nimmt, der hat Zeit
und kann sie gestalten,
und wer nur durchs Leben hetzt,
lässt sich stumm verwalten.

TEXT: CLEMENS BITTLINGER | MUSIK: DAVID PLÜSS

PRESENT

Yesterday is history,
Tomorrow is a mystery,
Today is like a gift,
That's why we call it present.

BILL KEANE

Achtsamkeit

Neulich lag ich bei meinem Hausarzt auf der Behandlungsliege und er machte eine Ultraschalluntersuchung. Er überprüfte alles: Die Lymphknoten, die Halsschlagadern, die Nieren, die Milz, die Leber, die Lunge, den Bauchraum und das Herz. Ab und zu schaltete er den Ton laut, und ich konnte das Pumpen und Rauschen in der Halsschlagader und das Schlagen meines Herzens hören: Kraftvoll und beeindruckend hörte sich das an. „Da pumpt dein Herz und arbeiten deine Organe seit vielen Jahren wie ein Kraftwerk vor sich hin und du schenkst diesem Wunder deines Körpers so wenig Beachtung!" Und als die Angst davor verflog, der Arzt könnte einen Krankheitsherd entdecken, spürte ich auf einmal ein tiefes Vertrauen in meinen Körper und wie mich eine große Dankbarkeit durchflutete. Ich lebe oft so gedankenlos vor mich hin und sehe und spüre oft gar nicht die Wunder, die mich umgeben und durch das Leben begleiten und tragen.

ZEIT TOTSCHLAGEN ...

Da stehen wir am Flughafen
und schauen auf die Tafeln
Abflug, Ankunft, Gate 21 bis 48.
Flug LH 304 hat Verspätung,
im Moment eine Stunde.
Naja, das geht ja noch,
denke ich und starre
auf die Tafeln,
beobachte die Bewegungen.
Das Rattern der Kästchen
klingt wie Dominosteine,
die umfallen.
Wir fallen nicht um,
wir stehen, starren und warten.
Die Zeit kriecht dahin,
sie schleicht,
sie verzögert,
sie dauert einfach.
Wie kommt es,
dass wir manchmal
viel zu viel Zeit haben,
weil wir auf etwas warten,
und manchmal
viel zu wenig Zeit,
wenn wir etwas genießen?
Wie schön wäre es,
höre ich mich denken,
wenn es genau umgekehrt wäre?
Da – wieder fallen die Steine,

diesmal ist es wieder unser Flug.
„Fluch" sagen ja manche:
„Und wann geht dein Fluch?"
Dieser Flug ist ein Fluch
oder auf ihm liegt ein Fluch,
denn die Abfluch(g)zeit
wurde gerade wieder verschoben
nach hinten,
drei Stunden später –
warum? Es gibt keine Erklärung,
d. h. es gibt schon eine Erklärung,
aber niemand erklärt sie uns.
Uns, die wir stehen und warten
und nicht wissen, wie wir
uns die Zeit vertreiben sollen
mit unserem Handgepäck
und unserem Frust.
„Jetzt müssen wir irgendwie
die Zeit totschlagen",
höre ich jemanden seufzen.
Die Zeit totschlagen –
wie grausam, denke ich.
Die Zeit ist doch kostbar,
sie ist doch kein Ungeziefer,
kein Schädling, den man
vernichten muss.
Wie auf ein Kommando
zücken alle ihre Waffen,
mit denen sie schon
oft und erfolgreich
die Zeit totgeschlagen haben:

Smartphones heißen die,
Stupidphones sind sie,
denn sie töten,
ermorden und schlagen tot
eines der kostbarsten Geschenke:
Die Zeit.

TEXT: CLEMENS BITTLINGER

Übung: Ich nehme mir Zeit. Ganz bewusst lasse ich einmal meine „To-Do-Liste" liegen und mache einen Spaziergang. Ich plane einen freien Tag ein, bei dem ich erst am Morgen entscheide, was ich unternehmen möchte. Wenn ein Freund oder Nachbar klingelt: „Hast du einen Moment Zeit?", dann versuche ich mich daran zu erinnern und sage: „Ja, ich nehme sie mir jetzt einfach, komm lass uns einen Kaffee trinken!"

Steige einfach ein

Seit meiner frühesten Kindheit faszinieren mich die Clowns und Artisten, wie sie mit ihrem Tross, mit Wagen und Zelten von Ort zu Ort ziehen und die Zuschauer mit ihrem Können begeistern. Gerade dann, wenn zwei Artisten gemeinsam hoch oben unter der Kuppel atemberaubende Sprünge und Kunststücke vollführen, halten doch alle den Atem an und hoffen, dass es gelingt, dass die Dame, die gerade mit einem dreifachen Salto hinüber zu ihrem Partner schwingt, von diesem dann auch tatsächlich und rechtzeitig aufgefangen wird. Es bedarf der ständigen Übung und einer ungeheuren Disziplin, bis solch eine „Nummer" wirklich sitzt, gelingt und den Esprit hat, dass sie das geneigte Publikum in ihren Bann zieht. Und es braucht vor allem eines: Vertrauen. Meistens ist es ja eine zierlich gebaute Artistin, die da durch die Luft fliegt, sie muss sich blind, wirklich blind darauf verlassen können, dass ihr athletisches Gegenüber im richtigen Moment zupackt und sie auffängt.

Vor einigen Jahren besuchten wir ein neu eröffnetes Varieté in einer pfälzischen Kleinstadt. Wir saßen an kleinen Tischen, es gab ein Drei-Gänge-Menü und anschließend ein gemischtes Unterhaltungsprogramm mit Jongleuren, Zauberern und einem Clown. Schon die Qualität des fastfoodähnlichen Essens ließ mich Düsteres erahnen: Das Niveau einiger der dargebotenen „Kunststücke" war unterirdisch – bei dem Jongleur hielt ich wirklich den Atem an, und als er endlich fertig war, gab es frenetischen Applaus, denn alle waren offensichtlich erleichtert, dass er seine Vorführung unbeschadet überstanden hatte.

Oft applaudieren wir Menschen, die etwas machen, die sich engagieren und ihr Leben für andere einsetzen. Wir ermutigen sie und zeigen, wie gut wir es finden, dass sie sich so selbstlos einbringen. Mit unserem Beifall delegieren wir den Einsatz, zu dem wir selbst nicht bereit sind, an andere. Unser Applaus ist ungefährlich, solange wir selbst nicht gefragt sind.

Der folgende Liedtext ist dem Hochseilartisten Charles Blondin gewidmet, der im Jahr 1859 als erster Mensch die Niagara-Fälle an der Grenze zwischen Kanada und den USA auf einem Hochseil überqueren wollte. Die Öffentlichkeit hielt das für großen Humbug und es wurden Wetten abgeschlossen, dass er bei dieser Überquerung abstürzen und zu Tode kommen würde. Als er dann die erste Überquerung wagte, gab es Leute, die die Seilkonstruktion in eine gefährliche Schwingung bringen wollten, weil sie Geld auf den Absturz von Blondin gesetzt hatten. Im Sommer 1860 trug der Franzose sogar seinen Manager huckepack über den Niagara und brachte nach einigen Turbulenzen seinen mutigen Passagier heil ans andere Ufer.

STEIGE EIN

Alle sah'n nach oben, zu dem gespannten Seil,
denn dort balancierte gekonnt ein Mann, und weil
er ohne Furcht von A nach B sich wie im Schlaf bewegte,
gab ihm die Menge viel Applaus, und als sich dieser legte,
kam er mit einem Schubkarr'n an und hob ihn in die Höh'
und rief: „Wer traut mir zu, dass ich auch mit der Karre geh'?"

Refrain:
Dann ging er los, setzte Fuß vor Fuß,

fast wie in Trance hielt er dort die Balance.
Dann ging er los, setzte Fuß vor Fuß,
schritt von A nach B in schwindelhafter Höh'.

Am andern Ende angelangt, wollt' der Applaus nicht enden,
da wuchtete der Seilartist mit seinen starken Händen
'nen Sack voll Mehl, ein Zentner schwer, hinein in das Gefährt
und rief: „Wer glaubt, dass diese Last mit mir hinüberfährt?"
Die Leute applaudierten laut und riefen alle: „Klar,
ganz sicher kannst du so etwas, du bist wunderbar!"

Refrain: Dann ging er los ...

Am andern Ende angelangt, sah er die Menge toben,
er winkte ihnen fröhlich zu und fragte von dort oben:
„Traut ihr mir zu, dass ich auch dann die Strecke gehen kann
mit einem Menschen im Gepäck, egal ob Frau ob Mann?"
Die Leute applaudierten laut und riefen alle: „Klar,
ganz sicher kannst du so etwas, du bist unser Star!"
Da sah er sich die Leute an, wie sie ihm applaudierten,
und deutete auf einen der besonders Engagierten:
„Du traust mir wirklich so viel zu, das find' ich richtig fein,
vertraust du mir, dann komm doch her und steige einfach ein!"

TEXT: CLEMENS BITTLINGER | MUSIK: DAVID PLÜSS

Applaus ist manchmal ambivalent. Viele Menschen applaudieren nur, solange sie nicht selbst gefragt sind. Wenn andere Einsatz bringen, dann ist es leicht zu applaudieren, aber wenn man selber Einsatz bringen muss, z. B. sich ehrenamtlich engagieren, sind wir weniger begeistert.

Wie wenig mancher Applaus wert ist, lässt sich z. B. ganz gut beim Fußball feststellen: Solange ein Trainer erfolgreich ist, klopfen ihm alle auf die Schultern, doch sobald mal eine Flaute eintritt, wackelt sein Stuhl, und nach und nach ziehen sich die Claqueure zurück. Bei einem Fußballspiel erfreuen wir uns an der ethnischen Vielfalt, aus der eine Mannschaft aus Frankreich oder Deutschland zusammengesetzt ist. Wir applaudieren frenetisch dem Stürmer mit einer dunklen Hautfarbe. Wie schön wäre es, wenn sich diese fröhliche Begeisterung und Offenheit auch auf das tägliche Zusammenleben der Völkervielfalt in unserem Land übertragen würde.

Trotzdem ist Applaus natürlich wichtig. Wenn unser Publikum nicht immer wieder an der richtigen Stelle applaudieren würde, würde mich das doch ziemlich irritieren. In der Anfangszeit meiner Karriere als Liedermacher (Anfang der 1980er Jahre) erhielt ich irgendwann auch mal eine Einladung zu einem Jugendtreffen nach Ostfriesland. Ich nahm den weiten Weg auf mich, ganz allein. Damals konnte ich mir noch keine Begleitmusiker „leisten" und kam schließlich in einem Ort namens Rhauderfehn an. Ich baute meine Anlage in einer Art Sporthalle auf und es kamen tatsächlich etwa 400 Jugendliche samt ihren Jugendleitern. Ich spielte meinen ersten Song, der hatte gleich ziemlich viel Pep, um das Publikum zu gewinnen. Nachdem ich diesen ersten „Hit" gespielt hatte, passierte nichts, gar nichts, es war mucksmäuschenstill. „Null Resonanz", und das ist schlimm für einen Musiker, für einen Unterhaltungskünstler sowieso. Und es ging so weiter, ich schwitzte Blut und Wasser, ich hatte den Eindruck: „Das kommt überhaupt nicht 'rüber oder an, was du da machst!" Das junge Publikum saß da, wie versteinert, und wartete ab und beobachtete mich. Nachdem ich den letzten Song angekündigt und gespielt hatte, gab es plötzlich tosenden Applaus, ich musste drei Zugaben geben, und alle Schallplatten und Kassetten, die ich mitgebracht hatte, wurden restlos weggekauft. „Verzögerte oder abwartende Resonanz" könnte man schmunzelnd im Nachhinein dazu sagen. Seit diesem Auftritt war das Eis gebrochen – ich hatte und habe ein sehr treues Publikum in Ostfriesland.

Auch im Gottesdienst sollte es möglich sein, an der richtigen Stelle zu klatschen. Liturgisch gesehen ist Applaus die säkulare Form des „Amen", eine abschließende Zustimmung: „Jawohl, das ist gut!".

Jesus riskiert Kopf und Kragen

Da standen sie im Halbkreis um Jesus. Die rechtschaffenen Männer des Ortes, die selbstorganisierte Sittenpolizei. Sie hatten eine Frau in flagranti mit einem anderen Mann erwischt. Aus dem noch warmen Liebeslager hatten sie diese auf die Straße gezerrt und durch den Ort zum Tempel getrieben. Geahnt hatten sie es schon lange, dass diese zugegebenermaßen attraktive Frau ein Verhältnis hatte mit einem der Männer aus ihrem Dorf. Da war keiner, der nicht schon von ihr geträumt hätte, der nicht schon mit ihr heimlich in Gedanken ins Bett gegangen wäre. Warum musste sie sich auch entscheiden und es tatsächlich tun, es war ein Skandal. Sie trieben die Frau voran, und sie jammerte, stolperte, fiel, verletzte sich, wurde wieder hochgerissen und weitergezerrt. Ein Opfer auf dem Weg zur Steinigung, und die lynchhungrigen Männer hielten schon die Steine bereit, um loszuschlagen, den Frust und ihre geballte erotische Aggression in diesen Stein zu legen, um das Ziel ihrer Träume und Begierden zu zerstören, unkenntlich zu machen die Dorfbekannte, hässlich zu schlagen ihre Schönheit, nichts sollte mehr attraktiv sein – steinigt sie!

Doch dann denken sie an Jesus und halten kurz inne, wie war das noch? *„Liebet eure Feinde, selig, zutiefst glücklich sind die Barmherzigen"*, hallt es in den hitzigen Köpfen einiger Männer wie von Ferne wider. „ Es wäre doch spannend zu hören, was Jesus zu diesem offensichtlichen Skandal zu sagen hat", denken sie und zerren sie in den Tempel, wo Jesus predigt und Kranke heilt. Und da stehen sie nun und stellen die Frau aus. Beschämt steht sie da in der religiösen Öffentlichkeit und schaut zu Boden. Und die Meute steht glotzend um sie herum, mit einer einzigen Frage: *„Meister, das mosaische Gesetz gebietet, wenn eine Frau beim Ehebruch erwischt wird, soll sie gesteinigt werden. Was empfiehlst du?"* Im biblischen Text wird uns, gewissermaßen in Klammern gesetzt, verraten: *„Sie wollten mit dieser Frage Jesus eine Falle stellen".*

Jesus nimmt den Druck aus der Situation, indem er innehält und sich auf den Boden begibt. Dort angekommen, beginnt er im Sand etwas zu malen, fast meditativ, und die Zeit scheint stillzustehen. So wie ein Seiltänzer wagemutig sich über unseren Köpfen auf einem Drahtseil bewegt, so setzt sich Jesus wagemutig und wortlos der Aggression dieser Männer aus. Er macht sich verletzlich, er begibt sich in höchste Gefahr, indem er sich auf die Ebene eines Menschen begibt, den die ersten Steine einer Steinigung schon getroffen haben. „Das darf doch nicht wahr sein", dachte vielleicht der eine oder andere Mann, „Wieso setzt er sich jetzt auf den Boden? Wieso malt er mit den Fingern etwas in den Sand? Versteht er nicht den Ernst der Lage? Warum diesen Querulanten nicht gleich zusammen mit der Frau steinigen, wenn er sich doch schon selbst in diese Position begeben hat?" Gefährlich, Jesus bietet ihnen seinen Nacken an. Beim Kampf zwischen zwei Hunden ist das das eindeutige Signal: Ich gebe auf! Doch Jesus gibt nicht auf, er nimmt die Verbindung auf, er reagiert, resoniert auf die brutale Aktion der Männer und riskiert dabei Kopf und Kragen. Schließlich erhebt er sich, schaut in die Runde und sagt: *„Wer ohne Schuld ist, werfe den ersten Stein!"* Ein Satz wie Donnerhall. Dann geht er wieder zu Boden und malt weiter in den Sand. „Und wie der Groschen fiel beim einen oder andern, so fiel auch Stein um Stein, man hörte sie abwandern ...", heißt es in dem folgenden Lied. Ein beeindruckendes Beispiel für Resonanz. Diese ganz einfachen Worte Jesu reichten, um den Anklägern den Spiegel vorzuhalten und sie erkennen zu lassen, wie beschämend und erbärmlich die Steinigung dieser Frau wäre. Und so wanderten sie ab, die Ältesten zuerst, die, die aus langjähriger Erfahrung wussten: Jesus hat recht. Die, die sich und ihre ewige Rechthaberei schon selbst ein wenig leid waren, sie zogen sich beschämt zurück. Und schließlich war er mit der Frau alleine: *„Haben sie dich nicht verurteilt, werde ich dich auch nicht verurteilen, gehe hin und ordne dein Leben neu!"*, sagt Jesus zu ihr, und so endet diese Erzählung (Johannes 8, 1ff).

....

DIE MÄNNER MIT DEN STEINEN

Sie standen um dich her,
die Männer mit den Steinen,
sie hatten eine Frau erwischt
beim Sex mit irgendeinem.
Sie hatten es geahnt,
doch nun gab es Beweise,
sie hatten sie ermahnt,
die Hure, diese dreiste.

„Die Schriften sagen klar:
,Die Frau darf nicht mehr leben,
die heimlich einen andern liebt,
das darf es niemals geben!'
Du hast die Menschen lieb,
doch nun musst du uns sagen,
gibst du die Todesstrafe,
bei solch einer Anklage?"

So gingen sie dich an
und wollten dir ans Leder,
dass du gewaltlos warst,
das wusste wirklich jeder,
doch du knietest dich still
hin, maltest auf die Erde –
ein Zeichen oder Bild,
was sollte das denn werden?

Nach einer Ewigkeit,
die Zeit schien still zu stehen,
standst du vom Boden auf,
um jene anzusehen,
die voll von blinder Wut
bereit war'n loszuschlagen,
doch du fandest den Mut,
nun folgendes zu sagen:

„Wer hier nun ohne Schuld ist,
soll die Hand erheben
und mit dem ersten Stein
vernichten dieses Leben!"
Dann beugtest du dich still
dort auf die Erde nieder,
ein Zeichen oder Bild
maltest du scheinbar wieder.

Und wie der Groschen fiel
beim einen oder andern,
so fiel auch Stein um Stein,
man hörte sie abwandern,

sie schlichen leise fort
als Männer ohne Steine
und ließen dich an jenem Ort
mit dieser Frau alleine.

„Wer hier nun ohne Schuld ist,
soll die Hand erheben
und mit dem ersten Stein
vernichte dieses Leben!"
Das ist so schön und klar,
so warst und bist du eben,
und was du sagst, ist wahr
und hilft auch mir zu leben.

TEXT: CLEMENS BITTLINGER | MUSIK: DAVID PLÜSS (CD „MENSCH JESUS")

Übung: Ich riskiere mal etwas. Heute versuche ich einmal alle Menschen, die mir auf der Straße oder im Geschäft begegnen, zu grüßen und mir wenn möglich Zeit für ein kleines Gespräch zu nehmen. Ich nehme Kontakt auf zu Menschen, bei denen ich mich schon längst mal wieder hätte melden sollen. In nehme Kontakt auf zu einem Nachbarn, mit dem ich schon lange keinen Kontakt mehr hatte. Ich besuche eine Flüchtlingsunterkunft in unserem Ort und frage, ob ich irgendwie helfen kann. Ich schreibe einen Brief an mich selbst und träume mal wieder Wagnisse, die ich in meinem Leben noch angehen möchte. Ich setze mich neben einen Bettler in der Fußgängerzone, nachdem ich ihm zwei Euro spendiert habe, und versuche mit ihm ins Gespräch zu kommen.

Was für ein Vertrauen

Vertrauen ist ein Thema der Bibel. Gleich zu Beginn bei der mythologischen Erzählung von Adam und Eva (Gen 2-5) geht es ganz zentral um die Frage: „Wem kann ich vertrauen?" oder anders: „Wem kann Gott vertrauen?". „Adam" ist hebräisch und bedeutet „Mensch". Diesem Menschen stellt der Schöpfer den Garten Eden zur freien Verfügung. Eine Ausnahme gibt es allerdings: Einen Baum voller schöner Früchte in der Mitte des Gartens. „*Von allem, was es im Garten Eden gibt, darfst du dich bedienen, nur dieser eine Baum ist für dich tabu!*" so lautet seine Anweisung. Gott vertraut darauf, dass Adam sich auch tatsächlich an diese Bitte hält. Nun taucht nach kurzer Zeit Eva auf. Der Name „Eva" bedeutet so viel wie „Leben" oder „die Leben Spendende". Und nun beginnt das Urspiel der Menschheit: Der Mensch trifft auf „das Leben", das Leben besteht u. a. aus Neugier, das Leben lässt sich herausfordern, es ist nicht zufrieden mit dem, was es kennt oder hat, sondern es möchte wachsen und Neues entdecken. Und hier kommt die Schlange „ins Spiel", sie steht für die Stimmen in unserem Leben, die uns unzufrieden machen wollen, die den Blick nicht auf das richten, was wir schon haben und genießen können, sondern auf das, was wir noch nicht haben. Jede gute Werbung handelt nach dem Prinzip dieser Stimme, sie umwirbt das Leben, und Eva schaut auf und spürt plötzlich ein unbändiges Verlangen:

Die Schlange war schlauer als alle Tiere des Feldes, die Gott, der Herr, gemacht hatte. Sie sagte zu der Frau: Hat Gott wirklich gesagt: Ihr dürft von keinem Baum des Gartens essen? Die Frau entgegnete der

Schlange: Von den Früchten der Bäume im Garten dürfen wir essen; nur von den Früchten des Baumes, der in der Mitte des Gartens steht, hat Gott gesagt: Davon dürft ihr nicht essen und daran dürft ihr nicht rühren, sonst werdet ihr sterben. Darauf sagte die Schlange zur Frau: Nein, ihr werdet nicht sterben. Gott weiß vielmehr: Sobald ihr davon esst, gehen euch die Augen auf; ihr werdet wie Gott und erkennt Gut und Böse. Da sah die Frau, dass es köstlich wäre, von dem Baum zu essen, dass der Baum eine Augenweide war und dazu verlockte, klug zu werden. Sie nahm von seinen Früchten und aß; sie gab auch ihrem Mann, der bei ihr war, und auch er aß. Da gingen beiden die Augen auf und sie erkannten, dass sie nackt waren. (Gen 1–7, Einheitsübersetzung)

Aber Achtung: Die Schlange wird als ein Wesen beschrieben, das Gott gemacht hat. Somit ist dieses Wechselspiel von Vertrauen und Versuchung letztlich ein vom Schöpfer riskiertes und inszeniertes Geschehen. Letztendlich ist es Gott, der zumindest die Versuchung zulässt und nicht verhindert. In seinem Werk „Strukturen des Bösen" schreibt der katholische Theologe Eugen Drewermann: „Die Mythen der jahwistischen Urgeschichte sind (daher) zu verstehen als Urbilder des Menschen, der menschlichen Wirklichkeit in ihren Wesenszügen. Was als Begebenheit der Urzeit erzählt wird, ist Beschreibung der Strukturen dessen, was zu allen Zeiten ist." (SB 1, 26) Drewermann deutet die jahwistische Urgeschichte tiefenpsychologisch als eine „grundlegende Aussage über den Menschen überhaupt". Dieses Spiel um Vertrauen und Enttäuschung beginnt bei jedem Menschen schon in frühester Kindheit. Kinder vertrauen Mama und Papa zunächst einmal grenzenlos. Und erst nach und nach machen sie die Erfahrung, dass Papa doch nicht alles reparieren kann, und dass nicht jedes Versprechen, das die Eltern geben, dann auch genauso eingehalten wird. Und Kinder testen ihre Grenzen aus und tasten sich so ins Leben:

WAS FÜR EIN VERTRAUEN

Das kleine Mädchen balanciert
gewagt auf einer Mauer,
der Mann sieht hoch, ihn überfällt
ein ängstlich kalter Schauer.
„Hey Papa, schau, ich springe gleich,
fang mich doch bitte auf."
Dass er das wirklich schaffen kann,
Mensch, sie vertraut darauf.
Was für ein Vertrauen
sie ihm entgegenbringt,
die kleine junge Dame,
die plötzlich einfach springt.

Was für ein Vertrauen,
wenn du dich fallen lässt,
und dich mit Leib und Seele
auf andere verlässt.

Das Flugzeug wurde gut gebaut
und sicher stets gewartet,
ich steige ein, verlass' mich drauf,
dass es bald pünktlich startet.
Die Zeit an Bord vergeht im Flug
und Ängste hab' ich nicht,
dass dies Gefährt dem Außendruck
nicht standhält und zerbricht.
Was für ein Vertrauen
ich hier entgegenbring'

den Flugzeugkonstrukteuren,
sie bauten dieses Ding.

Was für ein Vertrauen,
wenn du dich fallen lässt,
und dich mit Leib und Seele
auf andere verlässt.

Der Jünger Petrus im Orkan
sieht durch den Wind verschwommen
die Silhouette eines Manns
allmählich zum Boot kommen.
„Bist du das, Jesus?", ruft er laut,
„dann will ich es auch wagen
und wie du übers Wasser geh'n,
es wird mich sicher tragen."
Was für ein Vertrauen
entstand in jener Zeit
in dieser kleinen Gruppe
der ersten Christenheit.

Was für ein Vertrauen,
wenn du dich fallen lässt,
und dich mit Leib und Seele
auf andere verlässt.

Stell dir vor den schlimmsten Fall,
passieren kann das jedem:
Ein Unfall und ein Riesenknall
und du kannst nicht mehr reden.
Hast du dir jemals überlegt,

wer für dich sprechen soll,
wenn du es einmal nicht mehr kannst,
sag', wem vertraust du voll?
Was für ein Vertrauen,
braucht es in solcher Zeit,
in Menschen, die uns lieben,
uns tragen durch das Leid.

Was für ein Vertrauen,
wenn du dich fallen lässt,
und dich mit Leib und Seele
auf andere verlässt.

TEXT UND MUSIK: CLEMENS BITTLINGER

Ohne Vertrauen würde unsere Gesellschaft zusammenbrechen. Wir leben in einem Rechtsstaat, und wenn ein erwachsener Mensch seine Unterschrift unter einen Vertrag gesetzt hat, dann gilt dieser Vertrag, wenn er nicht binnen 14 Tagen widerrufen wird. Früher kamen des Öfteren sogenannte „Drückerkolonnen" an die Haustür. Meist jüngere Leute klingelten, oft bei älteren Menschen, und erzählten irgendeine rührselige Geschichte, warum sie darauf angewiesen seien, möglichst viele Zeitschriften-Abos zu verkaufen. Auf diese Weise wurde systematisch das Vertrauen der Leute missbraucht, die aufgrund dieser anrührenden Geschichten Mitleid hatten und deshalb eine Zeitung abonnierten.

Einmal erhielt ich einen Anruf von einem angeblichen Mitarbeiter von Microsoft, ich hätte doch sicher festgestellt, dass mein PC immer langsamer würde, und das stimmte ja auch tatsächlich. Und schon war ich in die Falle getappt. Mit einem ungeheuren psychologischen

Geschick ergaunerte sich der angebliche Microsoft-Mitarbeiter den Zugang zu meinem PC. Plötzlich konnte ich beobachten, wie sich der Pfeil meiner Maus auf dem Bildschirm wie von selbst bewegte und alle möglichen Dinge anklickte, hochlud und löschte. Nebenbei redete dieser Verbrecher weiter ruhig auf mich ein. Erst als er sagte: „Sie können jetzt ruhig einen Kaffee trinken gehen, ich mache das hier schon alleine …“, meldete sich eine warnende Stimme in mir. Ich legte auf, während der ferngesteuerte Prozess auf meinem PC weiterlief, und rief einen Bekannten an, dem ich seit vielen Jahren bei allem, was mit Computern und Internet zu tun hat, zutiefst vertraue. Zum Glück war er sofort erreichbar. Ich schilderte ihm die Situation, in der ich mich gerade befand, und dass sich da jemand Zugriff auf meinen PC verschafft hatte. Daraufhin rief er: „Sofort den Stecker ziehen und vom Netz gehen!“, was ich auch auf der Stelle tat. Ein technischer Check meines Computers ergab, dass er mittlerweile so mit Viren und Trojanern durchsetzt war, dass ich zwar meine Daten retten, aber den PC nicht mehr gebrauchen konnte. Ein neuer Computer für 800 Euro war das Lehrgeld, das ich für meine „Vertrauensseligkeit“ bezahlen musste.

Ein Atheist ist unterwegs in den Bergen. Plötzlich strauchelt er und fällt in einen Abgrund. In letzter Sekunde kriegt er noch einen Ast zu fassen und baumelt nun über der Schlucht. In seiner Not ruft er: „Lieber Gott, rette mich!“ Das Wunder geschieht und Gott antwortet: „Warum sollte ich dir helfen? Du glaubst doch gar nicht an mich!“ Der Atheist ruft so laut er kann: „Doch, wenn du mir jetzt hilfst, werde ich an dich glauben und dir vertrauen!“ Darauf antwortet Gott: „Du willst mir vertrauen? Dann lass los!“

VOLL VERTRAUEN

Voll Vertrauen
kommen wir auf die Welt.
Die Eltern
vertrauen den Ärzten.
Das Neugeborene
vertraut dem Leben.
Das Krankenhauspersonal
vertraut der Technik.
Alle vertrauen auf die Hygiene,
auf den Schutz vor tödlichen Keimen.

Die Eltern auf dem Weg nach Hause
vertrauen ihrem Auto,
dem Baby-Maxi-Cosy®
und den Verkehrsregeln.
Rot ist Rot und Grün ist grün.
Das Kind vertraut den Eltern,
dass sie das Richtige tun,
es versorgen mit
dem richtigen Essen,
dem richtigen Trinken,
mit der richtigen Kleidung kleiden
und voll echter liebevoller Zuwendung
einfach da sind.

Unser ganzes Leben
vertrauen wir
den Ärzten,
den Krankenschwestern,

den Apothekern,
den Lehrerinnen,
den Pfarrerinnen und Priestern,
der Polizei,
den Politikern,
unseren Freunden.

Wir vertrauen auf
Verträge,
den Rechtsstaat
und auf unsere Rente.
Wir vertrauen
auf Qualität,
auf gutes Essen
und darauf,
dass der teure Wein
nicht gepanscht wurde.

Wir vertrauen
dem Internet,
unserem Smartphone,
der Werbung,
den einfachen Rezepten
und Parolen.

Was für ein Vertrauen.
Was für ein Risiko.
Was für ein Leben.

TEXT: CLEMENS BITTLINGER

Über den Bootsrand hinaus

Eine der bekanntesten Geschichten im neuen Testament erzählt, wie die Jünger eines Tages, auf die Bitte Jesu hin, allein auf den See Genezareth fuhren und dort in einen üblen Sturm gerieten. Fallwinde können diesen See, der ja eigentlich nur durch die gigantische Ausbreitung des Flusses Jordan entstanden ist, in kürzester Zeit in ein tobendes Meer verwandeln. Ich stelle mir vor, dass die Jünger alle Hände voll zu tun hatten, damit das Schiff nicht kenterte. Die Wellen schwappten über den Bootsrand und der Wind trieb das kleine Boot wie eine Nussschale vor sich her. Sicherlich hatten die Jünger Angst. Plötzlich sahen sie die Silhouette eines Mannes mitten im Sturm, offensichtlich auf dem Wasser wandelnd, auf sich zukommen. *„Ein Gespenst!"* – das war ihre erste Reaktion. Doch dann hörten sie die wohlvertraute Stimme: *„Seid getrost. Fürchtet euch nicht! Ich bin es!"* Jesus kommt seinen Jüngern auf dem, was ihnen Angst macht und was sie bedroht, entgegen und seine Botschaft heißt: *„Habt keine Angst!"* Es gab Situationen in meinem Leben, da ging es drunter und drüber, und ich hatte mehr Angst vor der Zukunft als sonst. Da hat mir dieses Bild mitunter geholfen: Ich sah mich als einen dieser Jünger in einem havarierenden Boot und stellte mir vor, dass Jesus mir auf dem, was mir Angst macht, entgegenkommt und mir zuruft: *„Fürchte dich nicht, ich bin bei dir!"* Und Petrus starrt hinaus und ist komplett fasziniert von dem, was er da sieht, und er ruft hinaus: „Jesus, wenn du das bist, dann möchte ich genauso souverän mit dem, was mir Angst macht, umgehen können wie du! Befiehl mir, über den Bootsrand zu steigen und wie du auf dem Wasser zu gehen!". Was für ein Vertrauen hatte dieser Petrus zu seinem Herrn und Meister. Man kann davon ausgehen, dass selbst der Fischer Petrus nicht besonders gut schwimmen konnte (wie die meisten Menschen zu dieser Zeit), das erhöht noch einmal den Vertrauensbeweis.

„Befiehl mir!" hatte Petrus gesagt, so sehr vertraute er auch der Wortmacht seines Herrn. „Auf Wellen kann man gehen, ich kann lernen umzugeh'n, mit dem, was mich beengt und mich in die Ecke drängt!", heißt es in einem Songtext, und Jesus sagt: *„Komm her!"* Und Petrus überwindet seine Ängste und steigt über den Rand seiner bisherigen Erfahrungen hinaus und betritt das Wasser, das ihn offensichtlich solange trägt, wie er Jesus im Blick hat. Doch in dem Moment, als er wieder den Wind und die Wellen fokussiert, beginnt er im Wasser zu versinken. Und er schreit das Stoßgebet: *„Herr, rette mich!"*, und Jesus zieht ihn heraus, hinein in das Boot und in den Kreis der Jünger. Nicht ohne die provozierende Frage zu stellen: *„Du Kleingläubiger, warum hast du gezweifelt?"* Ja, warum zweifle ich, wenn es drunter und drüber geht und die Angst mich zu überwältigen droht – weil ich ein Mensch bin. (Mt 14, 22ff)

„Alle leben unter dem gleichen Himmel,
aber nicht alle haben den gleichen Horizont."

Übung: Ich suche mir einen Partner oder eine Partnerin und lasse mich einmal für 15 Minuten mit verbundenen Augen durch den Ort führen. Danach wechseln wir, und ich führe den- oder diejenige durch den Ort. Danach setzen wir uns an einen ruhigen Platz und tauschen die Erfahrungen aus. Eine andere Übung: Ich lasse mich rückwärts in die Arme von zwei kräftigen Menschen fallen, denen ich vertraue.

Früher sagten mir die Eltern: „Junge, iss deinen Teller
leer, dann gibt es schönes Wetter!" Und was haben
wir heute? Dicke Kinder und Hitzewellen!

Aufgeräumt

„Ordnung ist das halbe Leben!", ein typisch deutscher Satz, mit dem all jene konfrontiert werden, denen es schwerfällt, nach getaner Arbeit ihren Schreibtisch blitzblank und wohlgeordnet zu hinterlassen. Eine leitende Mitarbeiterin einer Behörde hatte sich diesem Ordnungsdiktat auf ihre ganz eigene Weise unterworfen. Alle staunten, wie sie es schaffte, den Tag über Türme von Papieren und Ordnern vor sich liegen zu haben und zu bearbeiten und am Abend trotzdem einen wohlbereinigten Schreibtisch zu hinterlassen. Als diese Mitarbeiterin die Stelle wechselte, wurde ihr Arbeitsplatz samt großem Schreibtisch und geräumigem Schrank dahinter aufgelöst. Dabei stellte sich heraus: Sie hatte die Berge von Papieren und Ordnern einfach jeweils nur verlagert. Wenn sie morgens zur Arbeit kam, holte sie die chaotischen Stapel hervor, und wenn sie abends wieder nach Hause ging, verräumte sie das Chaos einfach nur in den Schrank hinter ihr. Eine Methode, die mir aus meiner Kindheit und Jugend nicht unbekannt vorkam. Wenn meine Mutter der Meinung war, ich sollte mal wieder gründlich in meinem Zimmer aufräumen, dann bestand dieses „Aufräumen" meist aus einem „Verschieben" in unauffälligere Räume. Unterm Bett z. B. war meist noch viel Platz oder in diversen Schubladen. Da wurde eilig gestopft und verschoben, und schon sah das Zimmer wieder halbwegs ordentlich aus. Das Problem war nur, wenn ich dann tatsächlich mal etwas dringend brauchte und nicht sofort fand, musste ich das alte Chaos wieder ausbreiten, um halbwegs einen Überblick zu bekommen.

DAS HEBEN WIR AUF!

Am Anfang war da ein bunt bedrucktes Plastikweinglas, Souvenir von einem rauschenden Weinfest. „Das heben wir auf!", sagte er und: „Bestimmt kann man das noch einmal gebrauchen!" und „Es ist eine schöne Erinnerung an diesen Abend!" In der Zeitung stand ein fröhlicher Artikel über dieses Weinfest, fast eine ganze Seite mit vielen bunten Bildern. „Den heben wir auf, am besten gleich die ganze Zeitung, da bleibt der Artikel gut erhalten!" Gedanken und Entschlüsse mit Widerhall: „Die heben wir auf, diese schöne Flasche, darin können wir sehr gut natives Olivenöl abfüllen. Schau mal, da ist ein Artikel über die Toskana, das ganze Magazin beschreibt die Toskana, sogar mit vielen Geheimtipps, die müssen wir aufheben, ich leg' sie mal zur Seite auf den Zeitschriftenstapel dort, da haben sich ja auch schon andere Zeitungen angesammelt!" Die Tassen und Souvenirs vermehrten sich auf einmal wie die Ameisen: „Schau mal, damit unser Souvenirglas nicht so alleine dasteht ...", und schon war es geschehen. Der Wust wuchs und häufte sich an. Alles wurde auf einmal aufgehoben, jedes Medikamentendöschen, jedes leere Honigglas – alles, wirklich alles würde man bestimmt noch einmal gebrauchen können. „Heute räumen wir mal ein bisschen auf", hieß es ab und zu, doch dann: „Was, das willst du wegwerfen? Weißt du nicht mehr, wo wir das herbekommen haben?" Nein, er wusste es nicht mehr, und mit der Zeit vergaß er, warum er etwas aufgehoben hatte, und da er es nicht mehr wusste, hob er alles auf, nichts wurde mehr weggeworfen. Man könnte es ja noch gebrauchen und dann würde man sich ärgern und zu Tode suchen. Außerdem wird sowieso viel zu viel weggeworfen ... Und die Berge und Zeitschriften und Kartonwände wuchsen immer höher. Immerhin gab es noch kleine schmale Gässchen, die auf wundersame Weise freigeblieben waren: Von der Küche zum Esstisch. Der Esstisch quoll über von benutztem Geschirr, alten Briefen und einem unbenutzten Schredder. Und vom Esstisch zur Treppe. Auf der

Treppe stapelten sich allerdings auch schon wieder Zeitschriften, Werbung („Schau mal wie originell, die heben wir auf ...") und Bücher. Oben im ersten Stock gab es noch Platz, und so begannen sie, manches nach oben zu tragen. „Aufräumen" nannten sie das. Doch tatsächlich wurde auch oben nur abgelegt und aufgehoben – alles, nichts wurde geordnet oder weggeworfen, man könnte es ja vielleicht noch einmal brauchen. ‚Irgendwie ist es doch auch schön, in so einer Art Labyrinth zu leben, sich in der eigenen Wohnung in schmalen Gässchen zurechtzufinden und umgeben zu sein von lauter wichtigen Dingen', dachte er manchmal. Begeistert schaute er Sendungen wie „Bares für Rares", „da könnten wir doch auch mal hin, wir haben doch so viele schöne Sachen aufgehoben, naja, aber vielleicht können wir sie ja noch einmal gebrauchen ...".

Diese Geschichte, die auf realen Begebenheiten beruht, könnte man noch endlos weitererzählen, denn irgendwann stirbt einer von den beiden, und dann wächst dem/der anderen das Chaos über den Kopf und die Lage eskaliert: Der „Messi-Mensch" verwahrlost endgültig und wird irgendwann von einem Räumungsdienst „befreit". Spezialisten mit Schutzmasken, Handschuhen und in weißen Schutzanzügen kämpfen sich regelmäßig durch völlig verwahrloste Wohnungen, deren Besitzer entweder verstorben sind oder deren Wohnung aufgelöst werden musste, weil die Bewohner in ein Altenheim umgezogen sind.

Mittlerweile gibt es ganze Fernsehserien, die sich auf diese Lebensform der Messies spezialisiert haben, und die mit einem gewissen Schaudern via Bild und Ton dokumentieren, wie manche Zeitgenossen „hausen".

Längst haben sich aus den Reihen der Unordentlichen Gegenthesen wie „Wer Ordnung hält, ist nur zu faul zum Suchen" oder „Das Genie beherrscht das Chaos" entwickelt, und es stimmt ja auch: Ordnung ist nicht alles! Und Sätze wie „So wie es in deiner Wohnung aussieht, so sieht es auch in deinem Kopf aus!" werden ja gerade oft von Menschen ins Feld geführt, die zwar halbwegs in der Lage sind, Ordnung zu halten, die ansonsten aber eher wenig kreativ ihr Leben gestalten.

Mit seinem Bestseller „simplify your life – Endlich mehr Zeit haben" (Campus Verlag) hat der Autor Tiki Küstenmacher u. a. eine „Anleitung zum Aufräumen" geschrieben. Allerdings ist das leichter gesagt/geschrieben als getan. Ein Grundtipp, den er dabei gibt, lautet: „Alles nur einmal in die Hand nehmen!", also, wenn du aufräumst, dann überlege dir gut, ob du das, was du gerade in der Hand hältst, wirklich brauchst, und wenn ja, wo du es langfristig deponieren möchtest, so dass du es jederzeit wieder zur Hand hast. „Nichts zwischenlagern; entweder wegwerfen oder wertig deponieren", lautet die Devise. Es hilft mir manchmal, wenn ich versuche, mit fremden Augen durch unsere Wohnung zu gehen und ganz neu wahrzunehmen, wie es da aussieht. Klar, wenn Gäste kommen, werden zumindest das Wohnzimmer, die Küche und der Flur halbwegs ansehnlich hergerichtet, aber was ist mit den „Gruschtelecken", dem Büro, besonders „rund um den Schreibtisch", wie sieht es aus mit dem Keller und dem Speicher? Da kommt dann die Alltagsmystik (Jürgen Becker) zum Tragen: „Da müsst isch mal aufräumen!"

AUFGERÄUMT (ICH HABE LETZTE NACHT GETRÄUMT)

Ich habe letzte Nacht geträumt,
ich hätte gründlich aufgeräumt.
Im Keller hat sich angesammelt,
was viele Jahre schon vergammelt,
in Kisten und in großen Säcken
gibt es manches zu entdecken,
was nirgendwo zu finden war,
das wurde hier sehr gut verwahrt.

Ich habe letzte Nacht geträumt,
ich hätte gründlich aufgeräumt,
auf meinem Schreibtisch türmen sich
Notizen, Briefe: alt und frisch,
die Fächer sind längst übervoll.
Die zu sortieren wäre toll,
vielleicht hab' ich die ganze Nacht
mal Ordnung in den Wust gebracht.

Ich habe letzte Nacht geträumt,
ich hätte gründlich aufgeräumt:
Der Speicher ist sehr gut gefüllt,
man könnt' auch sagen „zugemüllt",
wie gut wär' es für diesen Raum,
mein Traum bliebe nicht nur ein Traum,
den Speicher füllt von Anfang an:
„Was man vielleicht noch brauchen kann".

Ich habe letzte Nacht geträumt,
ich hätte gründlich aufgeräumt:
In meinem Kopf das Karussell
dreht sich doch oftmals viel zu schnell.
So manches, was mir Sorgen macht,
hätt' sich erledigt über Nacht,
und jede Rechnung wär' bezahlt,
hab' ich im Traum mir ausgemalt.

Ich habe letzte Nacht geträumt,
ich hätte gründlich aufgeräumt,
doch dann bin ich von Schlaf erwacht
und niemand hatte es vollbracht:

Im Keller war zu viel verstaut
und auch der Speicher zugebaut,
und doch hat mich seit dieser Nacht
mein Traum auf die Idee gebracht:
Wir schmeißen einfach viel mehr weg
und reisen leicht mit kaum Gepäck.
Und alles kommt jetzt auf den Müll,
was uns am Leben hindern will.

TEXT: CLEMENS BITTLINGER | MUSIK: DAVID PLÜSS

Zu diesem Songtext wurde ich durch das Lied „Leichtes Gepäck" der Popgruppe „Silbermond" inspiriert. Ich fand diese Idee sehr schön, wie sich da jemand in seinem Zimmer umschaut und feststellt: Das meiste von dem, was sich hier angesammelt hat, brauche ich gar nicht. Wie schön wäre es, Platz zu haben, zu entrümpeln, Raum zu schaffen für Neues und nicht alles wieder zuzubauen und zuzustellen. Da gäbe es ja eine sehr einfache Regel: Alles, was ich die letzten drei Jahre nicht in der Hand hatte, kann weg. Aber das umzusetzen, fällt dann doch einfach schwer. Es fällt mir ja schon schwer, unsere Küchen- und Vorratsschränke regelmäßig auszuräumen. Der Satz „Ich pack das erst mal in den Vorrat; wegschmeißen können wir es ja immer noch!" lässt die Schränke regelmäßig aus allen Nähten platzen. Was für unsere Schränke und Räume gilt, gilt auch für unseren Kopf und unser Herz. Hier ist es wahrhaft gut und heilsam, wenn wir uns regelmäßig durchsortieren und entrümpeln. Es gibt den Satz: *Mit der Zeit nimmt deine Seele die Farben deiner Gedanken an* (Marcus Aurelius). Womit füttere und speise ich meine Seele? Welche Gedanken lasse ich in mir sacken, so dass sie mein Leben bestimmen und mich bis in die Träume hinein verfolgen?

Herr M. machte sich zu viele Gedanken über das Geld. Täglich ging er zur Bank und überprüfte die Saldi seiner verschiedenen Konten. Geld war genug da, das war nicht das Problem, aber Herr M. war ein Versorger und Vorsorger, er hatte den Finanzplan für die kommenden Monate immer im Kopf: 5.000 brauchen wir für den Urlaub, 15.000 für die anstehende Renovierung, 10.000 als Reserve für eventuelle Steuernachzahlungen usw., alles war im Lot. Er durfte nur nicht krank werden, denn sonst würde seine Rechnung nicht aufgehen, aber wenn alles so lief, wie er es geplant hatte, dann würde es gut funktionieren. Wenn nichts dazwischenkommt. Doch dieses „Wenn nichts dazwischenkommt" ließ ihm keine Ruhe, es beschäftigte ihn ständig und so sehr, dass er anfing, schlecht zu schlafen, dass er auf einmal mürrisch wurde und er förmlich spürte, wie die düsteren Farben seiner ängstlichen Gedanken mehr und mehr seine Stimmungen verfärbten und ihn niederdrückten. Eines Tages traf ich ihn vor der Bank, seine Kontoauszüge hielt er in der Hand, fest umklammert. Ich grüßte ihn freundlich. Irritiert blieb er stehen und grüßte zurück. Wie es ihm denn gehe, fragte ich. „Es geht so", erwiderte er und warf einen kurzen Blick auf seine Kontoauszüge. „Gruß an die Frau," murmelte er noch und hastete weiter. So wie er die Kontoauszüge umklammerte, so hatten ihn seine Zahlen und Ängste um die Zukunft wohl im Griff.

„Bleibe in Verbindung … dem sei stets verbunden, der dich liebt und tragen wird durch die Lebensrunden!", singen wir in dem gleichnamigen Lied. „Aufräumen" könnte für Herrn M. bedeuten, sich einmal Zeit zu nehmen für sich und seine unnötigen Ängste, sich einen Gesprächspartner oder -partnerin zu suchen, die mit ihm mal seinen Gedankenwust sortieren und deutlich machen: Neunzig Prozent der Sorgen, die du dir im Blick auf morgen gemacht hast, waren unbegründet. Und es macht schon gar keinen Sinn, sich im Bezug auf „übermorgen" Sorgen zu machen, also jene Endlosschleife zu aktivieren: „Was passiert, wenn ‚das und das' eintrifft, wie reagiere ich dann?". „Et kütt, wie et kütt", sagt der Kölner, und darin liegt eine gewisse Gelassenheit. Diese Gelassenheit entdecke ich auch in dem Jesuswort: *„Schaut euch die Lilien auf dem Felde an, sie säen nicht, sie ernten nicht und trotzdem versorgt sie unser himmlischer Vater!"* (Mt 6,26)

Eine Auszeit im Kloster hatte Herrn M. schließlich auf neue Gedanken und eine neue Grundorientierung gebracht: Gottvertrauen, Vertrauen in das Leben und Vertrauen darauf, dass, egal wie es kommen mag, „ich niemals tiefer fallen werde als in die liebenden Arme Gottes". Und mit der Zeit konnte seine Seele die heilsamen Farben dieser guten und tröstlichen Gedanken und Gebete annehmen. Dazu noch einmal der Geigenbauer Martin Schleske: „Wie ein Resonanzkörper die Schwingungen der Saiten durch seine eigenen Resonanzen färbt und hörbar macht, so haben auch wir einen Resonanzkörper für Gott: Es ist das vertrauende Herz. Gott erlaubt, dass wir ihn durch die Resonanzen unseres Glaubens färben."

„Von allen Sorgen, die ich mir machte, sind die meisten nicht eingetroffen." Sven Hedin

Träume

„Ich habe letzte Nacht geträumt …", so beginnt jeder Vers des Songtextes, dem dieses Kapitel gewidmet ist. Wenn wir mit uns selbst in Verbindung bleiben wollen, dann ist es gut, wenn wir unseren Träumen Beachtung schenken. Von Walt Disney ist das Zitat überliefert: *„Alle Träume können wahr werden, wenn wir den Mut haben, ihnen zu folgen!"* Die berühmteste Rede von Martin Luther King ist geprägt durch den Kernsatz: „I have a dream …". Er träumte von einer

Gesellschaft ohne Rassismus, in der Schwarze und Weiße respektvoll und auf Augenhöhe miteinander umgehen und leben. Durch die Wahl von Barak Obama zum ersten schwarzen Präsidenten der USA schien dieser Traum ein Stück weit in Erfüllung gegangen zu sein. King musste den Kampf für seinen Traum mit dem Leben bezahlen.

Wovon träume ich, was würde ich in meinem Leben gerne noch erreichen? Was ist mein Traum mir wert? „Ich bin reif für die Insel!", stöhnen wir ja manchmal und träumen von einem unbeschwerten Leben am Meer und unter Palmen. Der banale Ratschlag „Träume nicht dein Leben, sondern lebe deinen Traum!" ist ja leichter gesagt als getan. Denn wenn ich mir bewusst mache, was es mich kosten würde, tatsächlich auszuwandern und ganz anders zu leben, würde ich doch sehr schnell merken, dass ich einen hohen Preis dafür bezahlen müsste. Welche Sicherheiten müsste ich verlassen? Welche Menschen müsste ich enttäuschen? Welche liebgewonnenen Gewohnheiten und Freunde müsste ich aufgeben, um ganz anders zu leben? Und doch ist es schön und gut, wenn wir auf unsere Lebensträume achten und sie nicht ganz ad acta legen.

Und: Jeder Mensch träumt in der Nacht. Meist ist es uns gar nicht bewusst, dass und vor allem was wir geträumt haben. In der Traumforschung ist man sich relativ einig, dass wir in unseren Träumen reale Erlebnisse, Ängste und Wünsche des Tages in der Nacht verarbeiten.

In seinem 1978 erschienenen Buch „Dreams: A Way to Listen to God" (Träume: Eine Möglichkeit Gott zuzuhören) knüpft der episkopale Pfarrer, Buchautor und Jung'sche Psychotherapeut Morton Kelsey (1919–2001) an die vielfältigen biblischen Traumerfahrungen und -deutungen an. Er hielt die Traumdeutung für den Königsweg (vgl. S. Freud), Botschaften aus dem Unterbewussten wahrzunehmen und zu deuten. Für die Welt der Bibel ist die Sache ganz klar: In unseren Nachtträumen nehmen wir mitunter Botschaften des liebenden Gottes wahr. Man kann trainieren, diese Träume wahrzunehmen, indem man, sobald man sich an einen Traum erinnert, diesen festhält und aufschreibt. Manchmal sitzen wir am Frühstückstisch, erzählen uns unsere Träume: „Heute Nacht habe ich mal wieder völlig wirres Zeug geträumt!" und kommen darüber ins Gespräch, was dieser oder jener Traum bedeuten könnte und welche Elemente der vergangenen Tage hier plötzlich wieder auftauchen und offensichtlich verarbeitet wurden und werden. Eine spannende Möglichkeit, auch dem Unbewussten in mir auf die Spur zu kommen.

In der biblischen Weihnachtsgeschichte haben die Träume und hier speziell jener Traum, in dem ein Engel des Herrn dem Joseph von Nazareth empfahl, mitsamt seiner jungen Familie nach Ägypten zu fliehen, eine besondere Bedeutung (Mt 2,13a). Aus unserem Konzertprogramm „Bilder der Weihnacht" stammt der folgende Songtext:

AUS WEIT ENTFERNTEN RÄUMEN

Aus weit entfernten Räumen,
mal bunt, mal grell, mal sacht,
sprichst du zu uns in Träumen,
begleitest unsre Nacht.
Die Bilder alter Tage,
Begegnungen, Gesichter
verschmelzen ohne Frage
zu seltsamen Geschichten.

Wir wandeln durch ein Nebelland
ohne Ziel und Sinn.
Jemand nimmt uns an die Hand,
führt uns, wer weiß wohin.
Schweißgebadet schrecken

wir auf und denken nur:
Wir würden gern entdecken
im Nebel unsre Spur.

Es lohnt sich festzuhalten
die Bilder einer Nacht.
Geschichten und Gestalten,
die uns Angst gemacht,
sind Boten, überbringen
mitunter den Hinweis,
warum in manchen Dingen
das Leben uns entgleist.

Aus weit entfernten Räumen
kommst du in unsre Nacht
und segnest unser Träumen,
hältst über uns die Wacht.
Hilf, das, was zu uns dringt
aus deiner Wirklichkeit,
uns stärkt und weiterbringt
und Stück für Stück befreit.

TEXT: CLEMENS BITTLINGER | MUSIK: DAVID PLÜSS (CD „BILDER DER WEIHNACHT")

Jesus räumt auf

Manchmal überkommt mich so eine Art „Aufräumwut", dann hefte ich mir eine imaginäre Ordnerbinde an und beschließe, für den Rest des Tages mein eigener Hausmeister zu sein. Da wird nicht kreativ an irgendwelchen Projekten gebastelt, sondern nur noch stur aufgeräumt.

Das ist fast wie ein Anfall oder ein Aufräumrausch: Hausmeisterkappe auf, Kartons bereitgestellt und los geht es! Ich nehme mir dann ein ganz spezielles, halbwegs überschaubares Projekt vor und gehe es an. Zuerst einmal wird die Ecke, das Regal, der Schrank, für den ich mich entschieden habe, mit viel Elan und mitunter recht rabiat ausgeräumt. „Alles muss raus!", so heißt es doch auch im Ausverkauf. Es macht keinen Sinn, eine überquellende Schublade mal ein bisschen auszuräumen, nein, ich muss die Schublade ganz leer machen, damit ich sehe, was da eigentlich drin ist. Wenn alles auf dem Tisch vor mir ausgebreitet ist, dann kann ich beginnen, meine Schätze nach der ‚Drei-Kisten-Methode' vom Müll zu trennen. Ich habe dann wirklich drei Kisten oder Umzugskartons, die ich um mich herum aufbaue. Den ersten habe ich gedanklich mit „kann weg", den zweiten mit „kann vielleicht weg" und den dritten mit „unbedingt aufheben" markiert. Vor vielen Jahren wollten wir einem Mann aus unserer Gemeinde helfen, seine Wohnung, die hoffnungslos überfüllt und zugestellt war, nach dieser Methode zu ordnen. Es war zum Verzweifeln, bei dem kleinsten Krimskrams kam der Einwand „Das könnte ich doch vielleicht noch mal gebrauchen ..." Erst, als wir ihm eindringlich klargemacht hatten, dass mindestens 80 % des Mülls in seinem Haus in die erste Kiste wandern müsse, oder wir würden auf der Stelle sein Haus verlassen, gab er nach, und wir konnten zumindest die Hälfte seines Sammelsuriums entsorgen.

Auch von Jesus wird berichtet, dass ihn eines Tages die Aufräumwut packte und er dem emsigen Treiben der Händler im Tempel wütend ein Ende bereitete, indem er die Tische der Geldwechsler und Taubenhändler umstieß und ihnen (wütend) zurief: *„In den alten Texten der Tora steht: ‚Mein Haus soll ein Ort zum Beten sein', und ihr macht daraus (ein Kasino, ein Kaufhaus), eine Räuberhöhle!"* (Mt 21, 13)

Ich stelle mir vor, dass die Jünger über diesen plötzlichen Wutanfall Jesu ganz schön erschrocken waren. Hatte er nicht noch vor einigen Wochen gepredigt „Selig sind die Sanftmütigen", und nun rastete er auf einmal völlig „unsanftmütig" komplett aus, und das nur wegen ein paar Händlern, die nun mal auch irgendwie ihr Geld verdienen mussten. Aus eigener Erfahrung weiß ich, dass es hin und wieder den Zeitpunkt gibt, wo ich sage: „Jetzt reicht es, jetzt kann und möchte ich diese Unordnung, an der ich seit Monaten, vielleicht schon seit Jahren vorübergehe, nicht mehr übersehen!" Dann packt mich der Aufräumeifer. Ich stelle mir vor, dass Jesus die Händler im Tempel immer wieder gesehen und beobachtet hat, aber dass es ihn nicht so sehr gestört hat, dass er etwas dagegen unternommen hätte. „Sollen sie doch", hat er sich vielleicht lange gedacht „die müssen ja auch von irgendetwas leben, und außerdem ist es praktisch für die Menschen, die zum Tempel kommen, dass sie hier auch gleich die Opfertiere etc. käuflich erwerben können." Das war ja ein buntes Treiben rund um den Tempel. Das kann man auch heute noch erleben, wenn man z. B. in Jerusalem die Grabeskirche besucht, wo die verschiedenen christlichen Konfessionen lautstark miteinander wetteifern, wer nun welchen Bereich verwalten und kommerziell „ausschlachten" darf. Was da an frommem Kitsch, Glücksbringern, Schmuck und Heiligenbildchen angeboten wird – unfassbar! Oder fahren Sie mal zum Kloster Andechs oder nach Lourdes, dort läuft der spirituelle Kommerz auf Hochtouren. Da kann man sich schon fragen: „Was hat das alles noch mit dem liebenden, besitzlosen und vagabundierenden Jesus von Nazareth zu tun?"

In Hongkong haben wir einen taoistischen Tempel besucht. Dort bestand die Hauptaufgabe der Priester darin, im Akkord Räucherstäbchen zu bündeln und Opfergaben anzubieten und zu verkaufen – es war ein bizarres, buntes, weihrauchgeschwängertes Treiben, wie früher bei Karstadt im Winterschlussverkauf. So ähnlich muss es gewesen sein, „business as usual" würden die Engländer sagen – alles ganz normal. Nur Jesus war vielleicht angespannter als sonst, er wusste und ahnte wohl, dass ihm nicht mehr allzu viel Zeit bleiben würde. Und nun wollte er in den Tempel gehen, um zu beten, wollte zur Ruhe kommen und seinen weiteren Weg ins Auge fassen und kam mitten hinein in dieses bunte Kommerztreiben in und rund um den Tempel. Wer könnte nicht verstehen, dass ihm diesmal der Kragen platzte? Er stieß die Händlertische um und verursachte erst einmal Chaos. „Aufräumen" hieß in diesem Fall „vertreiben", den Ort leer machen, damit er wieder seine eigentliche Bestimmung haben konnte, nämlich ein Ort des Gebets und der inneren Besinnung zu sein.

Die Kommerzialisierung der Religion ist wohl ebenso problematisch wie die Politisierung; beides lädt zu Missbrauch ein, ist aber nicht immer zu vermeiden: Der christliche Liedermacher verschenkt seine CDs und Bücher ja auch nicht. Der Münsteraner katholische Theologe Herbert Vorgrimler sagte mal: „Jesus ist am Kreuz gestorben und wir verdienen damit Geld." Es geht damals wie heute um die Glaub- und Vertrauenswürdigkeit des Personals und um die ungestörte Verbindung zu Gott an „seinem" Ort.

Wenn ich bei mir zuhause aufräume, dann oftmals auch mit dem Ziel, einen Raum oder einen Schrank wieder zu dem Ort herzurichten, für den er eigentlich gedacht war. Ich war schon so manches Mal bei Leuten zu Besuch, die sich irgendwann eine Sauna in den Keller hatten bauen lassen, aber diese seit Jahren nicht mehr benutzten. Schaut man dann in die Sauna hinein, ist sie vollgestellt mit Gerümpel und dient als Abstellkammer – wie schade, denke ich dann, wenn eine Wellness-Oase nur noch als Abfalleimer verwendet wird.

Jesus wollte mit seiner Aktion auch Platz schaffen für die heilsame Gegenwart Gottes, und so kamen viele Kranke zu ihm in den Tempel und wurden von ihm geheilt.

Natürlich ist es gewagt, das Leben und Handeln des Jesus von Nazareth mit der Entrümpelung eines Kellers zu vergleichen, vor allem, wenn man seine Reden, die Wunder und Heilungen und die Streitgespräche mit den Pharisäern als Ausdruck einer großen

Aufräumaktion versteht. Jesus wollte nicht nur den Tempel reinigen, sondern auch die überkommenen religiösen Verkrustungen aufbrechen und die Herzen und Köpfe der Menschen, die sich auf seine Botschaft einließen, reinigen und mit dem Geist der Liebe neu füllen. Ausdruck dieser Radikalität war wohl auch die sicherlich als rituelle Waschung verstandene Taufe im Jordan.

Übung: Ich fasse den Entschluss, aufzuräumen. Nicht gleich das ganze Haus, aber einen bestimmten Schrank oder eine bestimmte Ecke nehme ich mir vor. Es kann auch einfach nur der Schreibtisch mit den verschiedenen Ablagemöglichkeiten sein. Wichtig ist, dass ich die Aktion gut vorbereite, mir genügend Kartons und Kisten bereitstelle, um grundlegend diesen speziellen Teil unseres Wohnraums neu zu ordnen. Ich beschließe, die nächsten Stunden nichts anderes zu machen als aufzuräumen. Ich lege mir eine schöne Musik auf und los geht es.

Ergänzende Übung: Ich versuche bewusster zu träumen. Ich versuche, mir mal über einen längeren Zeitraum hinweg meine Träume, auch wenn es nur Fragmente sind, aufzuschreiben. Dazu ist es gut, wenn ich einen kleinen Block und einen Stift neben meinem Bett liegen habe. Dann kann ich es gleich aufschreiben. Manches Mal bin ich von einem Traum erwacht, froh, dass es nur ein Traum war. Dann sollte ich versuchen, diesen Traum sofort aufzuschreiben, denn später ist er meistens wieder „vergessen".

Kleider machen Leute

Schaut man in unsere Kleiderschränke, so wird man feststellen: Wir haben viel zu viel und kaufen trotzdem immer mehr: Kleider, Schuhe, Taschen, Schmuck, Tücher und Accessoires. Viele von uns kaufen zu viele und zu unkritisch Klamotten. Gerade bei den „Sachen zum Anziehen" sind wir Weltmeister im Schnäppchenjagen. Und es macht ja auch Spaß, neue Kleider und Schuhe anzuprobieren und zu kaufen. Leider sind aber unsere Schränke oft vollgestopft mit Kleidungsstücken, die wir schon lange nicht mehr angezogen haben und immer unter dem Vorbehalt weiter aufgehoben haben: „Wer weiß, ob ich das noch mal gebrauchen kann?" oder „Bestimmt kommt dieser Stil bald wieder in Mode, und dann habe ich noch ‚original Vintage-Klamotten' im Schrank!".

Zum Glück setzt sich mehr und mehr auch ein Bewusstsein für die Frage durch: „nter welchen Bedingungen wurden diese T-Shirts, Hemden, Jacken und Hosen produziert? Ich habe mir angewöhnt, erstens zu überlegen: Brauche ich dieses und jenes Kleidungsstück wirklich? Und zweitens nachzufragen, wie die Kleider gefertigt wurden. Je mehr wir kritisch nachfragen und dementsprechend auch einkaufen, desto mehr können wir durch unser Konsumverhalten ändern.

KLEIDER MACHEN LEUTE

Kleider machen Leute,
die kaum etwas verdienen,
die in feuchten Hallen
schuften wie die Bienen,
die für Hungerlöhne
Jeans und T-Shirts weben,
und an denen deshalb
Schweiß und Tränen kleben.

Kleider machen Leute,
die wie einst die Sklaven
pausenlos nur schuften
und dann traumlos schlafen,
alle müssen helfen,
denn zum Überleben
muss die Großfamilie
täglich alles geben.

Kleider machen Leute,
die nichts weiter wissen,
als dass zum Überleben
sie weiter ackern müssen.
Sie sind dieser Mühle
als Kinder beigetreten,
ohne Schreiben, Lesen,
sind Analphabeten.

„Kleider machen Leute",
so sagen wir, die reichen

Wohlstandskonsumenten,
doch wir stell'n die Weichen,
wir können entscheiden,
auf die Frage achten:
„Wie steht es um jene,
die die Kleider machten?"

TEXT: CLEMENS BITTLINGER | MUSIK: DAVID PLÜSS

Des Kaisers neue Kleider

Ein Märchen von Hans Christian Andersen, das mich von jeher fasziniert, heißt „Des Kaisers neue Kleider". Ich erzähle hier die Kurzversion der Geschichte von einem modeverrückten Kaiser, der eines Tages beschließt, dass er die schönsten und luftigsten Kleider auf der ganzen Welt besitzen möchte. Und so ziehen die Modemacher und Schneider aus aller Welt an den Hof des Kaisers, nehmen Maß, lassen feinste Seidenstoffe weben und herstellen und erscheinen mit ihren Meisterwerken immer wieder vor diesem Kaiser. Dieser nimmt die Kleidungsstücke in Augenschein und lässt die Stoffe wohlwollend durch die Hand gleiten. Schließlich lässt er sich komplett neu einkleiden mit prachtvollen und doch federleichten Hosen, Hemden, Westen und Mänteln. Mit schönen Worten huldigen die Schneider dem Kaiser und seinem neuen Outfit, doch dieser ist nie ganz zufrieden, immer wieder stört ihn irgendetwas, entweder ist der Stoff zu bunt oder die Seide zu kratzig oder das Ganze immer noch viel zu schwer und behäbig. Eines Tages kommen zwei Betrüger an den Hof des Kaisers, die ihm versprechen: „Wir nähen dir neue Kleider, die so leicht sind, wie ein Nichts, und so bunt sind, wie Euer Gnaden es haben wollen. Sie haben gleichzeitig den Vorteil, dass sie für jene, die nicht für ihr Amt taugen, unsichtbar sind. Alle anderen, die Fähigen, Klugen und Begabten, sehen die Kleider natürlich." Sie öffnen ihre Koffer mit den Stoffproben und reichen sie dem Kaiser mit großen und huldvollen Worten. Der Stoff besteht aus Nichts, und der Kaiser ist beeindruckt über die Leichtigkeit dieser wunderbaren Stoffe, die die beiden vermeintlichen Schneider gewissermaßen pantomimisch durch die Hände gleiten lassen. „Daraus webt mir ein Gewand, Schuhe, Hose, Weste und Mantel, koste es, was es wolle!", ruft der Kaiser erfreut. Gesagt, getan, die angeblichen Meisterschneider lassen große Webstühle aufstellen, die den ganzen Tag geschäftig „nichts" weben, und ziehen sich für Wochen zurück in ihre Werkstatt. Dort schneidern sie angeblich an dem leichtesten, teuersten und edelsten Gewand der Welt. Immer wieder lassen sie sich opulente Vorschüsse für ihre angeblichen Ausgaben bezahlen und täglich die köstlichsten Speisen und Getränke, die die kaiserliche Küche zu bieten hat, darreichen. Schließlich kommt der große Tag: Die neuen wunderbaren Kleider sind fertig. Mit pantomimischer Fertigkeit breiten die Scharlatane Hose, Weste, Jacke und Schuhe vor dem Kaiser aus. Sie preisen die Luftigkeit, diesen Hauch von Nichts und die zarten Farben. Niemand wagt zu widersprechen, denn dann hätte man ja zugegeben, dass man für sein Amt untauglich sei. Dann schlüpft der Kaiser in die Kleider und steht nun vor dem Spiegel: Nackt, beziehungsweise in Unterhosen – aber er sieht es nicht, sondern ist voller Entzücken über das neue Outfit. Seine Diener und engsten Vertrauten sagen nichts, sie wissen, wie jähzornig ihr Herr sein kann, wenn man ihm widerspricht. Und so loben und applaudieren sie dem fast nackt vor dem Spiegel stehenden Staatsmann. Eine große Prozession wird angekündigt. Der eitle und einfältige Kaiser will mit seinen neuen Kleidern im offenen Pferdewagen durch die Stadt fahren und das Volk möge ihm und seiner Erscheinung am Straßenrand huldigen. Der Tross setzt sich in Bewegung und auch das Volk scheint wie verzaubert und „Oh"- und „Aah"-Rufe begleiten die Prozession.

Plötzlich ruft ein kleiner Junge: „Aber, der hat ja gar nichts an!" In diesem Moment ist der Bann gebrochen und das Volk bricht in schallendes Gelächter aus.

DER VOLKSMUND

„Kleider machen Leute",
sagt der Volksmund,
wie mag er wohl aussehen,
dieser Volksmund?
Ich meine jetzt den deutschen Volksmund.
Ich stelle mir diesen Mund
ziemlich groß vor,
eine große Klappe eben,
mit einer dicken Lippe,
die er immer wieder mal riskiert,
und einer großen,
waschlappenähnlichen Zunge,
die er immer wieder mal rausstreckt
und sie anderen zeigt, dieser Volksmund.
Sicherlich fehlt auch der eine
oder andere Zahn – Mut zur Lücke,
dem Zahn der Zeit geschuldet.
Hat der Volksmund Mundgeruch?
Ihh, jetzt wird es aber eklig,
natürlich hat er Mundgeruch,
da nützt auch kein Odol.
Der deutsche Volksmund
riecht nach einer Mischung
aus Abgasen, Alkohol,

Zigaretten und Mundwasser.
Und er plappert andauernd
an Stammtischen,
im Fernsehen,
im Rundfunk,
im Internet,
in den Zeitungen,
beim Tratsch über den Zaun,
der Volksmund ist präsent
und er sagt eben auch:
„Kleider machen Leute."
Was sollen das für Leute sein,
die Kleider brauchen, um etwas zu sein?
Und was sind das für Kleider,
die die Macht haben, Leute zu machen?

„Mach' nicht so ein Gesicht!",
sagt der Mann zu seiner Frau,
und sie sagt: „Wenn ich Gesichter
machen könnte, hättest du schon
längst ein Neues!"

Kleider machen aber
noch nicht einmal ein Gesicht.
Kleider machen gar nichts.
Sie liegen nur da und warten,
im besten Fall in einem Schaufenster,
wo sie ausgestellt, angezogen
und übergezogen werden –
einer Puppe, einer Schaufensterschönheit.
Kleider machen nacktes Plastik

zu attraktiven Schaufensterpuppen:
„Kleider machen Puppen",
könnte man sagen, denn
die Puppen machen ja sonst
nichts, sie stehen da und
warten darauf, dass jemand
sie rausholt, anzieht
und ins Schaufenster stellt.
Sie warten darauf, bestaunt
zu werden für etwas,
was sie nicht sind,
was sie aber kleidet
und verkleidet.
Und auch die Kleider
warten darauf,
bestaunt zu werden,
anprobiert zu werden,
gekauft zu werden,
angezogen zu werden,
getragen zu werden,
bekleckert zu werden,
ausgezogen zu werden,
gewaschen zu werden,
umgezogen zu werden,
ausrangiert zu werden,
Altkleider zu werden.
Wer will schon Altkleid werden
und zum alten Eisen gehören?
Wir sind doch jung und fit
bis ins hohe Alter.
Die heute 70-jährigen

sind die 50-jährigen von damals,
sagen die 70-jährigen von heute
und vermeiden den Blick
in den Spiegel.
Wenn Kleider Leute machen,
machen dann die Altkleider
aus Jungen alte Leute
und neue Kleider aus Alten
wieder Junge?
Wer gibt den Kleidern die Macht?
Wissen ist Macht,
aber Kleider wissen nichts,
und wir wissen es auch nicht:
Macht nichts.

TEXT: CLEMENS BITTLINGER

Übung: Ich sortiere mal meine Kleider durch: Was habe ich die letzten drei Jahre nicht angehabt? Was passt mir nicht mehr? Was ist völlig out, und was habe ich noch nie angezogen? Das lege ich alles auf einen Haufen, dann stopfe ich es in einen Kleidersack und entsorge es entsprechend. Ich frage in dem Laden, in dem ich regelmäßig Kleider einkaufe, die Verkäuferin, ob sie weiß, wie und wo die Kleider hergestellt werden. Wenn sie es nicht weiß, bitte ich um ein Gespräch mit dem Geschäftsführer. In einem weiteren Schritt gehe ich ins Internet und informiere mich, wie die Kleider, Schuhe etc. meiner Lieblingsmarken hergestellt werden. Und ich suche nach Firmen die fairen Handel (*https://utopia.de/bestenlisten/modelabels-faire-mode/*) unterstützen.

Könnte ich sein

Manchmal, wenn ich durch die Straßen meines Ortes oder einer Stadt fahre, sehe ich Männer in meinem Alter, die sich, offensichtlich nach einem Schlaganfall, nur noch sehr mühsam und mit Unterstützung ihrer Partnerin oder Pflegerin und mit Hilfe eines Rollators vorwärtsbewegen können. „Das könnte auch ich sein!", durchfährt es mich dann hin und wieder. So etwas kann ganz schnell passieren, und auf einmal ist alles anders, also: „Bleibe in Verbindung zu dem, was du hast, sei dankbar für dein Leben und gestalte es noch bewusster!", denke ich mir dann oft. Und manchmal, wenn ich die Bilder von überfüllten Flüchtlingsbooten sehe, sage ich mir: „Das könnte auch ich sein, der da fliehen musste!" Jesus sagt: *„Was ihr einem meiner geringsten Brüder getan habt, das habt ihr mir getan."* – Könnte nämlich ich sein (Mt 25,40).

KÖNNTE ICH SEIN

Könnte ich sein,
der da leidet.
Könnte ich sein,
den man schlägt.
Könnte ich sein,
den man meidet
und den man
in Ketten legt.

Könnte ich sein,
dort in Syrien,
könnte ich sein,
der da flieht.
Könnte ich sein
und das spüren,
was man oft
im Fernseh'n sieht.

Könnte ich sein,
ich ein Hindu,
könnte ich sein,
wär' ich dort.
Könnte ich sein,
was wir sind, du,
bestimmt auch unser
Herkunftsort.

Könnte ich sein,
der kein Brot hat,
könnte ich sein,
den es friert.
Könnte ich sein
in der Großstadt,
der die Kälte
ständig spürt.

Könnte ich sein,
doch du schaust weg,
könnte ich sein,
der dich braucht.

Könnte ich sein,
der im Blindfleck
deines Blickes
still abtaucht.

Könnte ich sein,
sagte einer,
könnte ich sein,
den du pflegst.
Könnte ich sein,
hör das Weinen,
denn ich sitze
dir im Weg.

TEXT: CLEMENS BITTLINGER | MUSIK: DAVID PLÜSS

Ich war ein Fremder

Jesus spricht von seiner Wiederkunft und vergleicht sich mit einem König, der seine Untertanen um sich schart und zu denen, die zur Rechten seines Thrones sitzen dürfen, sagt:

Kommt her, ihr Gesegneten meines Vaters, ererbt das Reich, das euch bereitet ist von Anbeginn der Welt! Denn ich bin hungrig gewesen, und ihr habt mir zu essen gegeben. Ich bin durstig gewesen, und ihr habt mir zu trinken gegeben. Ich bin ein Fremder gewesen, und ihr habt mich aufgenommen. Ich bin nackt gewesen, und ihr habt mich gekleidet. Ich bin krank gewesen, und ihr habt mich besucht. Ich bin im Gefängnis gewesen, und ihr seid zu mir gekommen. Dann werden ihm die Gerechten antworten und sagen: Herr, wann haben wir dich hungrig gesehen und haben dir zu essen gegeben? Oder durstig und haben dir zu trinken gegeben? Wann haben wir dich als Fremden gesehen und haben dich aufgenommen? Oder nackt und haben dich gekleidet? Wann haben wir dich krank oder im Gefängnis gesehen und sind zu dir gekommen? Und der König wird antworten und zu ihnen sagen: Wahrlich, ich sage euch: Was ihr getan habt einem von diesen meinen geringsten Brüdern, das habt ihr mir getan. (Mt 35, 25ff)

Das hat die Christen von Anfang an von allen anderen religiösen Gruppierungen unterschieden, dass sie sich für Arme, für die Kranken, die Witwen und die Waisen eingesetzt haben. Die Botschaft Jesu war an diesem Punkt radikal. Er selbst hat ja seinen Jüngern die Füße gewaschen und ihnen durch seine Zeichenhandlungen zu verstehen gegeben: Wer von euch der Größte sein will, der sei der Diener aller. Als Papst Franziskus frisch gewählt war, trat er hinaus auf den hohen Balkon über dem Petersplatz, kniete nieder und sagte zu den versammelten Christen: „Betet für mich!" Was für ein tolles und kraftvolles Signal: Ich kann die Bürde dieses Amtes nur mit eurer, mit der Hilfe meiner Schwestern und Brüder tragen, und diese Art der Verkündigung war und ist prägend für sein öffentliches Auftreten: Er hat Zeichen gesetzt, Zeichen der Demut und der Solidarität mit den Armen. Seine erste Amtsreise ging nach Lampedusa, zu jener italienischen Insel, wo Tausende von Flüchtlingen gestrandet waren. Für sie war er da und für all jene, die bereit waren zu helfen, ihnen versuchte er Trost zu spenden und Hilfe anzubieten. Bei Staatsbesuchen in Lateinamerika setzte er sich in einem der Slums mit den Bewohnern dort an einen Tisch und aß mit ihnen zu Mittag. Er wollte in Verbindung bleiben, auch als Papst, mit den Ärmsten der Armen. Es ist doch die Art und Weise, wie wir leben und wie wir mit uns selbst und anderen umgehen, die unsere Botschaft ausmacht. Wir Christen werden an der Liebe erkannt, ruft der Apostel Paulus der Gemeinde in Korinth zu (1. Korinther 13). Sehr gelungen finde ich, in diesem Zusammenhang, den Kinofilm „Franziskus, ein Mann seines Wortes", von Wim Wenders.

GROSSZÜGIGKEIT

Großzügigkeit
war das schönste Kleid
der allerersten Christenheit,
Großzügigkeit:
Ohne Neid, ohne Streit.
Doch das ist
längst Vergangenheit.

Im Grunde war'n die ersten Christen
wohl auch die ersten Kommunisten.
Im Freiheitsdrang der Unterdrückten,
der Sklaven und der stets Gebückten,
da klang die Botschaft: Ihr seid gleich,
egal ob schwach, ob arm, ob reich,
schon ziemlich stark nach Himmelreich.
Keine Vertröstung (auf) „nach dem Tod",
sondern heute „täglich Brot",
Auferstehung „jetzt und hier",
die neue Welt gestalten wir.

Im Grunde war'n die ersten Christen
wohl auch die ersten Kommunisten.
Doch die Christen gingen weiter,
waren keine militanten Streiter
und ihre Botschaft war oft heiter:
Du kannst deine Feinde lieben,
sogar „Vergebung" kann man üben,
angesichts der Ewigkeit,
hatte man unendlich Zeit,

keine Angst, was zu versäumen,
keine Angst vor bösen Träumen.

Großzügigkeit
war das schönste Kleid
der aller ersten Christenheit.
Großzügigkeit:
Ohne Neid, ohne Streit.
Doch das ist
längst Vergangenheit.

Im Grunde war'n die ersten Christen
wohl auch die ersten Kommunisten.
Doch wo Menschen was gestalten,
verfallen sie meist in die alten
Muster und sie spalten
zwischen Wirklichkeit und Träumen
und beginnen aufzuräumen:
Schluss mit „Weder arm, noch reich!",
erst im Himmel sind wir gleich,
Kommunisten und auch Christen
sind bestimmt von Egoisten.

TEXT: CLEMENS BITTLINGER

Ich stell' mir vor

Im Vaterunser gibt es die Bitte „*Und führe uns nicht in Versuchung*". Die französische Übersetzung wurde von Papst Franziskus in einem Interview mit dem italienischen Fernsehsender TV2000 als „keine gute Übersetzung" kritisiert. Es sei nicht Gott, der den Menschen in Versuchung stürze, um dann zuzusehen, wie er falle, sagte der Papst. Derjenige, der die Menschen in Versuchung führe, sei Satan. Stattdessen schlägt er vor, man solle die Formulierung „Lass' mich nicht in Versuchung geraten" benutzen.

In der Bibel gibt es Stellen, die mit unserem Bild vom „lieben Gott" nicht oder nur schwer in Einklang zu bringen sind. Deshalb, finde ich, sollte der Satz „Und führe uns nicht in Versuchung" sehr wohl im Vaterunser bleiben, denn er erinnert uns daran, dass Gott eben auch „der ganz andere", „der verborgene Gott" sein kann.

Eines Tages stellte Gott Abraham auf die Probe. Er sprach zu ihm: Abraham! Er antwortete: Hier bin ich. Gott sprach: Nimm deinen Sohn Isaak, deinen einzigen, den du liebst, geh in das Land Morija und bring ihn dort auf einem der Berge, den ich dir nenne, als Brandopfer dar.

Frühmorgens stand Abraham auf, sattelte seinen Esel, holte seine beiden Jungknechte und seinen Sohn Isaak, spaltete Holz zum Opfer und machte sich auf den Weg zu dem Ort, den ihm Gott genannt hatte.

Als Abraham am dritten Tag aufblickte, sah er den Ort von weitem. Da sagte Abraham zu seinen Jungknechten: Bleibt mit dem Esel hier! Ich

will mit dem Knaben alleine hingehen und anbeten; dann kommen wir
zu euch zurück. (Gen 22, 1ff)

ICH STELL' MIR VOR ...

Ich stell' mir vor, ich wär' der Sohn,
der in die Berge ging,
ein junger Kerl, der liebevoll
an seinem Vater hing:
„Wir bringen Gott ein Opfer dar,
der Weg ist steil und weit
und du, mein Sohn, begleitest mich,
wir haben Zeit zu zweit."

Ich stell' mir vor, ich wär' der Mann,
der Gottes Stimme hört,
„Hier bin ich!" ruft, und der sodann
nicht trödelnd Zeit verliert,
der aufbricht, zu den Bergen schaut,
nicht fragt, nicht diskutiert,
der blind selbst einem Gott vertraut,
der ihn ins Unheil führt.

„In die Versuchung führ' uns nicht",
heißt es im „Vaterunser",
wir fühlen uns dabei nicht wohl
und fragen uns verwundert:
Wie kann es sein, dass Gott verführt,
und prüfend uns verleitet,

es passt nicht zu dem „lieben Gott",
dass er uns Schmerz bereitet.

Doch die Geschichte steigert sich,
es geht den Berg hinauf,
der Vater, den die Angst zerfrisst,
sein Sohn, der ihm vertraut.
Kein Opfertier ist nun in Sicht,
kann Gott so grausam sein?
Ein Vater, der den Sohn ersticht
auf einem kalten Stein?

Ich stell' mir vor, ich wär' der Sohn,
der sich nun nicht beschwert,
der seinen Vater so sehr liebt,
dass er sich nicht mal wehrt,
als er ihn auf das Brennholz legt,
das Opfermesser zückt,
ich hätt' längst den Verdacht gehegt:
„Mein Vater ist verrückt!".

„In die Versuchung führ uns nicht",
das hätten wir gern netter,
doch Gott kann scheinbar grausam sein,
wo bleibt denn hier der Retter?
Zwar ruft die Stimme: „Halte ein!" (Pause)
– Ich stell' mir vor, ich wär' der Sohn …

TEXT: CLEMENS BITTLINGER | MUSIK: TIMO BÖCKING

Die dunkle Seite

Dass es eine dunkle Seite Gottes gibt, die wir nicht verstehen (können), erkennt jeder, der die Bibel ein wenig studiert. Die Erzählung von der Opferung Isaaks ist da nur ein Beispiel, wobei man sie religionsgeschichtlich heute so einordnet, dass hier deutlich gemacht wird: Gott möchte kein Menschenopfer (im Gegensatz zu vielen anderen Religionen der damaligen Zeit). Hier findet die Ablösung des Menschenopfers durch das Tieropfer statt. In seiner Schrift „De servo arbitrio" definiert Martin Luther die uns fremd erscheinende Seite Gottes als „deus absconditus" (verborgener Gott), den wir mit unserem menschlichen Verstand nicht verstehen (können), und der uns vor allem im Alten Testament mitunter grausam und brutal (z. B. Arche Noah und die Sintflut) erscheint. Diesem „deus absconditus" stellt er den „deus relevatus", den sich in Jesus Christus offenbarenden Gott, als einen „glühenden Backofen voller Liebe" gegenüber. In der frühen Kirchengeschichte gab es den Gnostiker und Theologen Marcion (frühes 2. Jahrhundert), der die Schriften des Alten Testamentes radikal ablehnte, weil sie von einem bösen und grausamen Gott geprägt seien, der in keinerlei Beziehung zu dem sich in Jesus Christus offenbarenden, liebenden Gott stehe. Eine Lehre, die sich trotz anfänglicher Verbreitung zum Glück nicht durchsetzen konnte, denn Jesus war gläubiger Jude, und seine Verkündigung fand in ständiger Rückbesinnung auf die Schriften der Tora statt. Der Gedanke, in Verbindung zu bleiben, seine Wurzeln zu kennen, zu verstehen und zu respektieren, ist dabei besonders wichtig. Der christliche Glaube hat sich aus dem jüdischen entwickelt, und das Alte Testament ist für uns Christen ein wichtiger Schatz. Was wäre unser Glaube ohne die Gottesoffenbarungen in den Schriften der Tora? Die Schöpfungsgeschichte, die mythologische Erzählung von der Arche Noah und der Sintflut, die Erzählungen über

Abraham, Isaak und Jakob, die Joseph-Novelle, der Exodus usw. – wir Christen schöpfen aus dem Schatz der gesamten Bibel und sind darin ganz eng verbunden mit unseren jüdischen Geschwistern.

Der Evangelist Matthäus hat in der sogenannten Bergpredigt die besonders radikalen Aussagen Jesu als eine durchgängige Rede komponiert. Darin nimmt Jesus immer wieder Bezug auf die alten Schriften, z. B. indem er sagt: *„Euren Vätern wurde gesagt: ‚Auge um Auge, Zahn um Zahn‘, ich aber sage euch: ‚Liebt eure Feinde, segnet die euch verfluchen, tut Gutes denen, die euch hassen!‘"* (Mt 5,44). Seine Jünger stehen fassungslos und überfordert vor diesen Aussagen, und dann bringt Jesus ihnen mitten in der Bergpredigt dieses wunderbare Gebet „Vater unser" bei (Mt 6,9ff). Und er sagt damit: Da, wo du an deine Grenzen stößt und nicht weiterweißt, darfst und kannst du mit Gott in Kontakt treten und ihn persönlich ansprechen und beten: dein Reich komme, dein Wille geschehe. Jesus vermittelt den scheinbar fernen und unnahbaren Gott als einen liebenden Vater. Das heißt, das Gottesbild Jesu war geprägt von einem ganz bestimmten Vaterbild. Joseph von Nazareth, der Zimmermann (griech. Tektor, der Häuserbauer) war die Vaterfigur im Leben des irdischen Jesus. Es wird in der Bibel nicht viel über ihn berichtet. Er steht mehr im Hintergrund und unterstützt Maria, so gut er kann, und das, obwohl die Herkunft seines Sohnes Jesus etwas Sonderbares hat. Ich stelle ihn mir als einen ruhigen, friedlichen und handwerklich ziemlich begabten Zeitgenossen vor, der Jesus vor allem eines signalisierte: Ich bin für dich da, egal, was kommt! Nach den Erzählungen des Neuen Testaments war er aber auch ein gläubiger Jude, ein Mann voller Gottvertrauen, mit einer ausgeprägten spirituellen Sensibilität, die ihn auch seine Träume wahr- und ernstnehmen ließ.

Da erschien der Engel des Herrn Joseph im Traum: Nimm Maria und das kleine Kind zu dir und fliehe nach Ägypten, bleibe dort so lange wie ich es dir sage, (Mt 2,13) lesen wir in der Weihnachtsgeschichte. Und

Joseph nimmt diesen Traum ernst und flieht mit seiner kleinen Familie. So entkommt Jesus dem brutalen Kindermord des Herodes, und so wird Joseph zum Retter. Solch ein Vater hat sicher das Gottesbild Jesu geprägt, und im Gleichnis von den beiden Söhnen (LK 11,15ff) beschreibt er einen Vater, der den Sohn, der seinen Erbanteil von ihm fordert, ausbezahlt und ziehen lässt, einen Vater, der loslassen kann und muss, und der trotzdem sehnsuchtsvoll in Verbindung zu diesem Sohn bleibt, indem er Tag für Tag Ausschau hält, für ihn betet und hofft, dass dieser eines Tages zu ihm zurückkehrt.

Doch Jesus wusste natürlich auch um die verborgenen, grausamen Seiten des Gottes, den er uns als liebenden Vater vorstellte, und deshalb hat er wohl auch diese kantige und uns quer stehende Bitte: *„Und führe uns nicht Versuchung…"* in diesem Gebet belassen.

In unseren Gottesdiensten und Gebeten reden wir oft vom „lieben Gott" oder beten häufig „du guter Gott", wohl auch deshalb, weil wir uns ganz bewusst an die liebende, die sich in Christus offenbarende Seite wenden wollen. Für Luther war der verborgene Gott nur im Licht des sich offenbarenden Gottes, im Lichte Jesu, nur durch Christus zu erahnen und zu glauben, ein verborgener Gott, der sich durch Kreuz und Auferstehung als der Liebende erweist. Letztlich aber bleibt es ein Geheimnis, und so beten wir in der Liturgie: „Geheimnis des Glaubens, deinen Tod verkünden wir, und deine Auferstehung preisen wir, bis du kommst in Herrlichkeit. Amen."

Kommt der Rabbi zum lieben Gott und beschwert sich: „Was soll ich tun, ich bin verzweifelt, mein Sohn ist vom jüdischen Glauben zu einer christlichen Kirche übergetreten?" Darauf antwortet Gott: „Ich hatte das gleiche Problem, auch mein Sohn ist Christ geworden!" Darauf der Rabbi ganz erstaunt: „Ja, und wie hast du darauf reagiert?" Darauf antwortet Gott: „Hab ich gemacht Neues Testament …"

Die Wette

Dass es nicht legitim wäre, die Bitte „Und führe uns nicht in Versuchung…" im Vaterunser abzumildern, belegt auch das Buch Hiob, eine dichterische Dialogerzählung, bei der Gott und Satan eine Wette eingehen. Ich erzähle diese Wette hier einmal neu aus dem Blickwinkel unserer aktuellen Kirchenlandschaft:

„Wo kommst du her? Welche Erfahrungen hast du mitgebracht?" diese Frage stellt Gott dem Satan, denn er ist an einem Gespräch, an einem Austausch interessiert. Und Satan sagt: „Ich habe die Erde in allen Richtungen durchwandert!", also: „Ich habe einen ziemlich guten Überblick, was die Situation auf deiner geliebten Erde angeht!" Und Gott fragt nach: „Hast du bei deinen Untersuchungen und Erfahrungen auch meinen Knecht Hiob kennen gelernt? So einen, wie den gibt es kein zweites Mal, er ist fromm, rechtschaffen, gottesfürchtig und meidet das Böse!" Darauf erwidert der Satan: „Ja glaubst du denn, er macht das, weil er ein guter Mensch ist? Der weiß doch, wie der Hase läuft, der Hiob ist einfach nur clever – du hast ihn und seinen Besitz doch all die Jahre beschützt, du hast deine Hand über ihn gehalten. Was der angepackt hat, ist auch was geworden, alles, einfach auch alles ist ihm gelungen und dabei ist er immer reicher geworden! Ja, so könnte ich auch ,gottesfürchtig' sein, das ist doch kein Kunststück, wenn einer derart privilegiert lebt. Der gute Mann sitzt doch auf der Sonnenseite des Lebens, der ist doch mit Gold gepudert – da lässt sich's leicht fromm sein und das volle Glas erheben. Aber wehe, du nimmst ihm das alles, wehe, er ist auf einmal nicht mehr erfolgreich und die Geschäfte laufen schlecht, dann wirst du schon sehen, was sein Glaube und seine Frömmigkeit wert sind – nämlich gar nichts! Dieser Hiob ist ein Schmarotzer, ein Wohlstandsfrommer – du wirst schon sehen …"

„Wo kommst du her?", war die Eingangsfrage, und Satan hat genau beobachtet, hat seine ganz konkreten Erfahrungen gemacht, und die bringt er jetzt mit ein. Davon lebt ein Gespräch, dass mich mein Gegenüber herausfordert, mir Fakten präsentiert, die mich nachdenklich machen und die das, was ich denke und glaube, auf die Probe stellen. Scheinbar haben die anderen Berater, die da herumstanden, nichts Besonderes entdeckt – alles ist wie immer, es könnte besser sein, das Glas ist halt leider nicht voll, sondern halbleer. Und dann kommt der advocatus diaboli – ohne diesen Quertreiber ist jede Talkshow todlangweilig – du brauchst immer mindestens einen, der das Ganze querbürstet und sagt: „Das ist ja alles schön und gut, ‚halbvoll oder halbleer‘, solange es den Menschen halbwegs gutgeht, werden sie sagen: Es ist alles im Rahmen. ‚Halbvoll oder halbleer‘ – das ist doch letztendlich egal, Hauptsache, es ist überhaupt noch was im Glas, Prost! Ist die Kirche halbvoll oder halbleer – Haarspalterei, Hauptsache, es kommen überhaupt noch Leute!"

Nimm mal alles weg! Keine Kirchensteuern mehr, schmale Gehälter für die PfarrerInnen und Hauptamtlichen, keine gesellschaftlichen Privilegien mehr, nimm den Kirchen ihre Macht, ihren Wohlstand und ihren Einfluss – dann wirst du sehen, was übrigbleibt, dann wirst du sehen, wie viele einknicken und dir den Rücken kehren – „Wes' Brot ich ess', des' Lied ich sing'."

„Nimm dem Hiob mal seinen Wohlstand und sein gesegnetes Leben, und du wirst sehen, es bleibt nichts, aber auch gar nichts mehr übrig – da ist keinerlei Substanz, glaube es mir." Und Gott sagt: „Okay! Topp, die Wette gilt, mit allem, was er hat, darfst du, Satan, machen, was du willst, nur ihn selbst musst du am Leben lassen."

Und Hiob sitzt zuhause und ahnt nichts Böses, genießt sein Leben, während seine Kinder an anderer Stelle, bei dem ältesten Sohn, ein kleines Fest feiern. Und während er da so sitzt in seiner Beschaulichkeit, kommt ein Bote und sagt: „Deine Rinder haben den Boden gepflügt, und die Eselinnen sind nebenhergelaufen – alles war bestens – ein Bild der Harmonie, da kamen die aus Saba, haben die Tiere weggenommen und die Knechte erschlagen – nur ich bin entkommen, um dich zu benachrichtigen."

Der Bote kommt zu den Kirchen: Da gab es wunderbare Arbeitsverträge zwischen Diakonie, Caritas und ihren Mitarbeitern – alles war bestens, bis diese „Gewerkschaftsfritzen" aufgetaucht sind und irgendwas von sozialer Gerechtigkeit und Mindestlöhnen erzählt und alles kaputt gemacht haben, und nun sitzen wir hier und sind dieser Krise noch mal mit knapper Not entkommen … wer weiß, wie das noch weitergeht.

Und schon kommt der nächste Bote: „Das Feuer Gottes fiel vom Himmel, traf Schafe und Knechte und verzehrte sie, und ich allein bin entronnen und kann es dir nun sagen."

Auch dieser Bote kommt zu den Kirchen und sagt: „Das ‚Feuer Gottes‘, stellt euch das einmal vor, also wahrscheinlich der ‚Heilige Geist‘ hat unsere Kirchensteuerzahler erfasst, und sie sind reihenweise ausgetreten und haben eigene Gemeinden gegründet, weil sie das Feuer in den traditionellen Kirchen vermissen und nicht mehr finden – nur wir paar Gemeindeglieder sind noch übriggeblieben, stochern in der Asche und der Letzte macht das Licht aus."

Und während dieser Bote noch nicht ausgeredet hat, steht schon der nächste auf der Matte: „In drei Abteilungen haben sich die Chaldäer über unsere Kamele hergemacht, sie weggenommen und die Diener erschlagen, nur ich bin entkommen und muss davon nun berichten."

Kommt der Bote zu den Kirchen: „Von allen Seiten hacken sie auf uns ein, nehmen uns die Möglichkeit, das, was wir zu bieten haben, auch zu transportieren und ‚rüberzubringen‘, und unsere Hauptamtlichen gehen allmählich dabei drauf: Arbeitsüberlastung, Priesterboykott in Österreich, ‚Kirche umarmen‘ in der Diözese Augsburg – man weiß überhaupt nicht mehr, wo einem der Kopf steht.

Völlige Arbeitsüberlastung der Priester: statt Seelsorge und Verkündigung – Administration, Sitzungen und Verwaltung. Die Kirchen sind in der Krise und schaffen es nicht mehr, ihre Kernbotschaft an den Mann und an die Frau zu bringen – die Kamele sind weg!"

Und als würde das alles nicht reichen, kommt auch gleich noch die vierte und allerschlimmste Nachricht: Die Kinder des Hiob, das Harmoniebild vom Anfang, werden bei ihrer Party von einem Unwetter überrascht, das so verheerend ist, dass das Haus einstürzt und die jungen Leute unter sich begräbt.

Kommt der Bote zu den Kirchen und berichtet von einem Sturm der Entrüstung über pädophile Priester in aller Welt, kirchliche Mitarbeiter in der Diakonie, die Hunderttausende in die eigene Tasche wirtschaften und Bischöfe, die in Skandale verwickelt sind und an ihrem Sitz kleben wie Hundekot an einem Turnschuh. Die eigenen Kinder geraten in den Sturm, und die Auswirkungen sind verheerend – man kann diesem Haus nicht mehr trauen – es stürzt in sich zusammen.

Ja, eine Hiobsbotschaft jagt die andere, und alle schauen auf Hiob und fragen sich, wie kann ein Mensch so viel Leid ertragen? Wie kommt jemand damit zurecht, dass der Wind sich gedreht hat und dass sich scheinbar alles gegen ihn verschworen hat?

Und Hiob steht auf, zerreißt sein Kleid, schneidet sich die Haare ab, fällt auf die Erde nieder und verneigt sich tief. Demut – Hiob signalisiert nichts als Demut, und in dieser Haltung sagt er: *„Ich bin nackt von meiner Mutter Leib gekommen, und nackt werde ich wieder dahinfahren!"* Da ist sie wieder, die Frage: *„Woher kommst Du?"* Hiob hat trotz allem niemals vergessen, woher er kam, und DAS rettet ihn jetzt: *„Ich bin nackt von meiner Mutter Leib gekommen und nackt werde ich wieder dahinfahren!"* Es ist alles, was ich dazubekommen habe, Gewinn gewesen, aber Besitz oder etwas, was mir zusteht, war es nicht, und dann kommt dieser berühmte Satz, von dem viele gar nicht wissen, dass er von Hiob stammt: *„Der Herr hat's gegeben, der Herr hat's genommen, der Name des Herrn sei gelobt!"* (Hiob 1,21)

Jeder andere hätte in seiner Situation gesagt: „Das Glas ist komplett leer, jemand hat es umgestoßen, und jetzt ist nichts mehr drin – ich kann nicht mehr, ich werfe die Brocken hin – das ist doch ein elendes Schicksal, das mich hier ereilt!"

Doch Hiob sagt: „Halbvoll oder halbleer – es ist, wie es ist, und ich weiß: Gott meint es gut mit mir!"

Es würde auch den Kirchen guttun, sich daran zu erinnern, woher sie kommen und was einmal der Ursprung von allem war, anstatt sich hochnäsig und beleidigt zurückzuziehen, sich Unternehmensberater ins Haus zu holen und den eigenen Laden durch immer größere pastorale Einheiten kaputtzusanieren. Der heilige Antonius von Padua könnte hier zum Vorbild werden, der Anfang des 13. Jahrhunderts in den Franziskanerorden eintrat und wohl ein sehr guter Prediger war – aber was nützt die beste Predigt, wenn man den Eindruck hat: Hier predigt einer Wasser und trinkt Wein. Der Mönch Antonius von Padua überzeugte durch seinen franziskanischen Lebensstil in Armut und Gütergemeinschaft und durch seine enorme Bibelkenntnis. Gerade auch dann, wenn wir die Frage beantworten wollen: „Wo komme ich her?" ist es gut, die Bibel zu kennen und zu wissen, wo wir verankert sind, wie die Inhalte unseres Glaubens begründet sind. Franziskus von Assisi und seine Gefährten waren Menschen, die sich inmitten einer von Krisen gebeutelten Kirche demütig darauf besonnen haben: „Wo kommen wir her?", und die dabei ganz neu ihre Liebe zu dem besitzlosen und umherziehenden Jesus von Nazareth wiederentdeckt haben. Wohl deshalb wählte der argentinische Kardinal Jorge Mario Begoglio den Namen Franziskus, als er zum Papst gewählt wurde.

Die Kirchen haben verlernt zuzuhören, in Verbindung zu bleiben und zu fragen: „Was ist los im Lande, wie ist die Stimmung? Wie geht es unseren Gemeindemitgliedern?" In Rom verschließt man sich jeglicher Reform und verweist immer auf die Weltkirche, ja die deutschen Katholiken sind ein wenig unbequem, aber das wird sich schon wieder geben, das Glas ist gut halb gefüllt, und das reicht ja auch, wir fahren stur unseren leicht rückwärtsgewandten Kurs fort und „entweltlichen" diese katholische Kirche. Was auch immer das bedeuten mag – es klingt in meinen Ohren nicht sympathisch, denn *„so sehr hat Gott diese Welt geliebt, dass er seinen eigenen Sohn gab"* – Gott liebt diese Welt. Was soll da eine „Entweltlichung"? Das war zumindest der Kurs des Ratzinger-Benedikt-Papsttums – dass mit Papst Franziskus ein neuer Wind in die römische Kirche gekommen ist, ist nicht zu übersehen. Er ist ein Mann Gottes, bei dem die Verbindung zu den einfachen Fragen der Kirche und zu den Gläubigen oberste Priorität hat, und der trotzdem immer wieder sehr konservativ agiert, indem er z. B. nicht den Weg ebnet für ein gemeinsames Abendmahl konfessionsverschiedener Paare.

Die lieben katholischen Priesterkollegen sind mittlerweile so überlastet, dass sie für das „Spielbein Ökumene" kaum noch Luft und Lust haben, und die Vision von einem gemeinsamen Abendmahl ist in weite Ferne gerückt – der Becher, den Jesus uns Christen reicht, ist aus katholischer Sicht für uns Evangelische weder halbvoll noch halbleer – er ist ganz leer. Genauer gesagt, „war" ganz leer. Denn mit Papst Franziskus ist auch hier wieder mehr Bewegung in die Ökumene gekommen. Und als er die Evangelisch-Lutherische Gemeinde in Rom besuchte, brachte er ein Geschenk voller Symbolkraft mit: einen Abendmahlskelch. Dieser Papst weiß, es würde den Kirchen gut tun, sich darauf zu besinnen: „Wo kommen wir her?" Und sich daran zu erinnern: Es ist Jesus Christus, der uns zum Heiligen Abendmahl ruft, nicht die Kirche – Jesus ist der Mittelpunkt der Eucharistie. Doch von Anfang an war der Verrat mit über dem Tisch des Herrn, und der Verrat bedeutet, dass man die Frage um die Tischgemeinschaft von evangelisch und katholisch zur Machtfrage hochstilisiert hat – ich bin überzeugt: Hätte Jesus geahnt, wie sein letztes Abendmahl über die Jahrtausende missbraucht werden würde, er hätte sich mit einer zweiten Fußwaschung verabschiedet und es dabei belassen: Daran wird man eure Zugehörigkeit erkennen, an der Liebe, wie ihr miteinander umgeht. Die meisten evangelischen und katholischen Christen verstehen nicht, warum wir nicht miteinander Abendmahl feiern können, und viele tun es einfach. Außerhalb der Kirchen versteht es sowieso niemand.

Und Gott? Gott glaubt an Hiob! Das ist der springende Punkt! Gott hält unbedingt fest an seiner Kirche, auch in ihrer unversöhnten Vielfalt. Denn es gibt ja auch noch die orthodoxe Kirche, und für die sind die katholische und auch alle anderen Kirchen häretisch – man bannt und verbannt sich gegenseitig, das Dach stürzt ein, und die eigene Familie geht zu Grunde, und in den Fußgängerzonen beginnen die Salafisten schon mal fröhlich den Koran zu verteilen.

Doch Gott hält fest an uns, und er fragt jeden einzelnen: *„Wo kommst du her?"*, *„Was sind deine Wurzeln?"* Und nur wenn du das weißt, nur wenn du um deine Vergangenheit und Herkunft weißt, kannst du auch sicher und gelassen in die Zukunft schauen und sagen: „Vielleicht ist ja das Glas auch ein bisschen zu groß. Und vielleicht ist es ja auch dreiviertel voll, und wir haben es noch gar nicht gemerkt!" Denn wir folgen ja einem nach, der sich selbst als den guten Hirten bezeichnet, von dem im Psalm 23 gesagt wird „*... du salbst mein Haupt mit Öl und schenkst mir voll ein ...*" Damit dürfen wir rechnen, darauf dürfen wir zugehen, auf das gefüllte Glas, wenn wir uns an dem orientieren, von dem wir Christen unseren Namen haben, und das ist Jesus Christus, der unser Leben begleitet, und der zu uns sagt: *„Kommt her alle, die ihr mühselig und beladen seid, ich will euch neu erfüllen!"* oder wie Jörg Zink es übersetzt hat: „Aufatmen sollt ihr!"

„Das Glas ist halbvoll", sagt der Optimist. *„Das Glas ist halbleer"*, sagt *der Pessimist. „Das Glas ist zu groß"*, sagt der Ingenieur.

Übung: Bei unseren Seminaren zu den „Perlen des Glaubens" gibt es immer auch eine Einheit zur Gottesperle. Und so besorge ich große Papierbögen, Pinsel und Farben und bitte die Teilnehmer, einmal ihr Gottesbild zu malen. Das kann ich auch zuhause für mich machen: Ich male mal wieder ein Bild. Ich besorge mir große Blätter (z. B. Tapetenrückseiten), Gläser für das Wasser, Pinsel und Farben, und dann male ich. Seit langem mal wieder. Mein Thema: Mein Bild von Gott. Das alttestamentliche Gebot: „Du sollst dir kein Bildnis von Gott machen!", bezog sich in erster Linie auf (die damals in vielen Religionen gebräuchlichen) Götzenbilder: „Mach dir kein Bild, das du anbetest!". Durch Jesus hat sich Gott uns als Mensch vorgestellt, gerade damit wir uns ein Bild von ihm machen können. Im Johannes-Evangelium spricht Jesus in sieben prägnanten Bildern von sich selbst und lässt uns teilhaben an seinem Geheimnis: Ich bin … das Brot, das Licht, die Tür, der gute Hirte, die Auferstehung, der Weg, der Weinstock.

Amazing grace

Für den Reformator Martin Luther war „Gnade" ein zentraler Begriff. Seine daraus entfaltete Rechtfertigungslehre geht davon aus, dass wir Menschen de facto nie dem Anspruch, den Gott an uns stellt, gerecht werden. Die Reformatoren waren überzeugt, dass man diesem Anspruch nicht durch gute Taten gerecht werden könne, sondern dass man auf die Gnade Gottes vertrauen dürfe. Heute erscheint einem der Begriff „Gnade" angestaubt und unverständlich, deshalb habe ich einmal für das weltweit bekannteste Gnadenlied einen neuen deutschen Text ins Spiel gebracht.

AMAZING GRACE, VON GNADE SINGT

Amazing grace, von Gnade singt
dies wunderschöne Lied,
ich spüre, wenn es still erklingt,
dass irgendwas geschieht.

Was Gnade heißt, weiß mancher nicht,
es ist ein altes Wort
und doch erscheint sie wie ein Licht
in einem dunklen Ort.

Um Gnade fleht, wer sterben wird,
den Tod vor Augen sieht,
der hofft, dass jemand ihn erhört
und ihm zur Seite steht.

Wenn Gnade wirkt, wirst du befreit,
und von dir fällt die Last,
die du in der Vergangenheit
mit dir getragen hast.

Ich lasse los, ich lass es sein,
mich ständig abzumüh'n,
ich lass mich auf die Gnade ein,
will frei durchs Leben geh'n.

Wenn ich mein Leben so bedenk',
das ich dereinst empfing,
ist Gnade wohl wie ein Geschenk,
von dem ich gerne sing'.

TEXT: CLEMENS BITTLINGER | MUSIK: TRADITIONAL

Begnadigt und doch gnadenlos

Wohl unter dem Eindruck der radikalen Aussagen Jesu, wie „Liebt eure Feinde, segnet die, die euch verfluchen und tut Gutes denen, die euch hassen", stellte Petrus Jesus eines Tages die Frage: „Meister, wie oft muss ich/soll ich eigentlich einem Bruder, der mir Unrecht getan hat, vergeben? Reichen siebenmal?" Und Jesus antwortete darauf: „Siebenmal sind nicht genug, sondern siebenmal siebzigmal." Wenn man davon ausgeht, dass die Zahl sieben in der Tora als eine heilige Zahl gilt, bedeutet diese Antwort: Es lässt sich zahlenmäßig nicht festlegen, du sollst immer bereit sein, deinem Bruder/deiner Schwester zu vergeben.

Und dann erzählt Jesus ein merkwürdiges Gleichnis: *„Das Himmelreich gleicht einem König, der mit seinen Knechten abrechnen wollte. Und als er anfing abzurechnen, wurde einer vor ihn gebracht, der war ihm zehntausend Zentner Silber schuldig. Da er's nun nicht bezahlen konnte, befahl der Herr, ihn und seine Frau und seine Kinder und alles, was er hatte, zu verkaufen und zu zahlen. Da fiel der Knecht nieder und flehte ihn an und sprach: Hab Geduld mit mir; ich will dir's alles bezahlen. Da hatte der Herr Erbarmen mit diesem Knecht und ließ ihn frei und die Schuld erließ er ihm auch. Da ging dieser Knecht hinaus und traf einen seiner Mitknechte, der war ihm hundert Silbergroschen schuldig; und er packte und würgte ihn und sprach: Bezahle, was du schuldig bist! Da fiel sein Mitknecht nieder und bat ihn und sprach: Hab Geduld mit mir; ich will dir's bezahlen. Er wollte aber nicht, sondern ging hin und warf ihn ins Gefängnis, bis er bezahlt hätte, was er schuldig war. Als nun seine Mitknechte das sahen, wurden sie sehr betrübt und kamen und brachten bei ihrem Herrn alles vor, was sich begeben hatte. Da befahl ihn sein Herr zu sich und sprach zu ihm: Du böser Knecht! Deine ganze Schuld habe ich dir erlassen, weil du mich gebeten hast; hättest du dich da nicht auch erbarmen sollen über deinen Mitknecht, wie ich mich über dich erbarmt habe? Und sein Herr wurde zornig und überantwortete ihn den Peinigern, bis er alles bezahlt hätte, was er schuldig war. So wird auch mein himmlischer Vater an euch tun, wenn ihr nicht von Herzen vergebt, ein jeder seinem Bruder.“* (Mt 18,23–35)

Wie gehen wir miteinander um? Wie gehen wir als Christen miteinander und mit anderen um? Sind wir gnädig und barmherzig, weil wir glauben und wissen, dass wir einen gnädigen Gott haben? Leben wir aus dieser Gnade? Oder ist Gnade für uns ein fremder, ja vielleicht sogar ein bisschen peinlicher Begriff. Das Gleichnis, das Jesus da erzählte, macht ja eines deutlich: Es gibt Menschen, die haben Begnadigung und Gnade empfangen, aber es hat ihr Leben und ihre Einstellung überhaupt nicht verändert und verbessert. Dem Knecht, der seinem König 10.000 Silberzentner schuldig war, der davor stand, alles zu verlieren und mitsamt seiner Familie den Rest seines Lebens in Sklaverei zu verbringen, dem wurde ja eine riesige Last von den Schultern genommen. Ihm wurde buchstäblich ein neues Leben geschenkt – frei von Schulden, ein kompletter, völlig überraschender Neuanfang. Das ist Gnade, er wurde begnadigt. Jeder andere hätte doch durchgeatmet und für sich gesagt: „Jetzt muss ich mein Leben aber grundlegend neu ordnen, damit so etwas nicht noch einmal passiert. Ich will nicht mehr so sehr auf Reichtum und Erfolg fixiert sein, sondern ein neues, bewussteres Leben führen. Ich will ‚connected‘ sein, verbunden mit denen, die ich liebe und mit denen ich täglich zu tun habe." Nichts von alledem geschieht, der Knecht verfällt sofort wieder in den egoistischen Trott, der ihn fast das Leben gekostet hätte. Er trifft einen seiner Mitknechte, der ihm 100 Silbergroschen schuldet, also einen winzigen Betrag gegenüber der Schuld, die ihm gerade erlassen wurde. Von diesem Mitknecht fordert er nun radikal und unnachgiebig sein Geld zurück und lässt diesen, weil er nicht gleich bezahlen kann, in Zwangshaft nehmen, bis er das Geld zusammen hätte. Eine Ungeheuerlichkeit, denkt jeder, der diese Geschichte hört. Eine Resonanz auf die unglaubliche Großzügigkeit seines Königs war bei diesem Knecht in keiner Weise festzustellen. Dieser Knecht war nicht „connected", weder mit sich selbst noch mit seiner Umgebung. Denn seine Umgebung reagierte empört: „Wie kann er nur? So etwas macht man doch nicht! Hat der denn gar nichts gelernt?" In meinem Buch „Großzügigkeit – kleinkariert war gestern" (Herder) musste ich leider feststellen, dass Großzügigkeit längst nicht so ansteckend ist, wie Habgier. Die Resonanz des Königs auf die undankbare und herzlose Haltung seines

Knechtes ist dann allerdings ebenfalls brutal und endgültig. Immer wieder klingen solche finalen Gerichtsworte und -szenarien aus den Reden und Gleichnissen Jesu heraus. Das hinterlässt bei Hörern und Lesern eine gewisse wachsame Betroffenheit, denn wie oft schaffe ich es selbst nicht, aus dieser Gnade des liebenden Gottes in der Weise zu leben, dass ich gnädig mit mir selbst und anderen umgehe.

Engel halten die Verbindung

Engel, Engel und nochmals Engel, das Thema „Engel" boomt. Schaut man in die Bücherläden, so findet man haufenweise Literatur und CDs zu diesem Thema, und das nicht nur zur Weihnachtszeit. Warum auch sollten sich die Aktivitäten der Engel, wenn es sie denn tatsächlich gibt, ausschließlich auf die Weihnachtszeit beschränken? Zugegeben: In den biblischen Erzählungen rund um das Weihnachtsgeschehen tauchen sie verstärkt auf, die Engel. Deshalb lassen sie sich auch so prächtig vermarkten mit Glitzerhaupt, Glitzergewand und Glitzer-flügeln: „Vom Himmel hoch, da komm ich her …" Auch in der ehe-maligen DDR spielten in der Weihnachtszeit die Engel eine wichtige Rolle, im Erzgebirge gibt es ja bis heute noch viele Betriebe, die sich auf Holzschnitzereien und Weihnachtskrippen spezialisiert haben. Zu DDR-Zeiten hießen die „Engel" („angelus", lateinisch: „Bote" – „Boten Gottes") in diesem Fall natürlich nicht „Engel", sondern „Jahresend-flügelpuppen". „Jahresendflügelpuppe" – ist das nicht herrlich? Allein anhand dieses einen Begriffes könnte man die ganze Unsinnigkeit der DDR-Propaganda aufrollen: Neues Deutschland – „Jahres-end-flügel-puppe" – armes Deutschland!

Doch auch außerhalb dieser besonderen Zeit, und die Advents- und Weihnachtszeit ist und bleibt ja eine besondere Zeit, reden wir immer wieder von Engeln, wenn wir z. B. die Helfer des ADAC als

„gelbe Engel" bezeichnen. Wir wählen diesen Ausdruck, weil wir die Erfahrung machen können, dass die Fachkräfte dieses Automobilclubs schnell und unkompliziert auftauchen und uns (sofern wir ADAC-Mitglied sind) kostenlos weiterhelfen – das ist unsere Vorstellung von einem Engel, er kommt unvermutet angeflattert, hilft und stärkt uns ganz selbstlos, und freut sich, wenn es uns wieder gutgeht.

Wenn wir jemandem, der eine heikle Situation halbwegs unversehrt überlebt hat, zurufen: „Da hattest du aber einen guten Schutzengel!", dann meinen, hoffen und glauben wir damit doch, dass es mehr gibt zwischen Himmel und Erde als das, was wir verstehen, und dass es Situationen gibt, in denen man den Eindruck hat, da greift jemand von außen unmittelbar ein und rettet eine Situation, ein Leben oder wendet eine Gefahr ab.

Der Prophet Elia hatte einen unglaublich anstrengenden Job hinter sich gebracht. Er war gegen die Baalspriester angetreten und hatte mit viel Engagement und Gottvertrauen gewissermaßen einen „Gottes-beweis" bewirkt: *Wie lange wollt ihr auf beiden Seiten hinken? Ist der Herr Gott, so folgt ihm nach, ist es aber Baal, dann orientiert euch an ihm!* (1. Kön 18,20ff), das könnte durchaus auch ein moderner Ruf sein: „Wie lange wollt ihr auf beiden Seiten hinken? Ist der Herr Gott, so folgt ihm nach, ist es aber der Konsum, der Wohlstand oder das Geld, dann orientiert Euch an ihm!"

Elia war komplett erschöpft von dieser Auseinandersetzung, und er war frustriert, denn das Ergebnis seines überaus erfolgreichen Eintretens für Gott war: Man wollte ihm selber ans Leder, und deshalb musste er fliehen, weg in die Wüste, eine Tagesreise von Beerseba entfernt. Dort setzte er sich unter einen Wacholderbaum und sagte: *„Ich habe die Schnauze voll, ich will nur noch sterben, und außerdem bin ich auch nicht besser als meine Vorfahren ..."* – Frust auf der ganzen Linie, da hat man sich bis zur Oberkante angestrengt, hat alles gegeben und

das Letzte aus sich herausgeholt und das Ergebnis: Es wird nicht hono-
riert, ja im Gegenteil, das Blatt wendet sich gegen einen, und plötzlich
ist man der „Buhmann" oder die „Buhfrau".

Oft und am meisten so gegen Jahresende erlebe ich selbst, wie die
Dinge sich überschlagen, Planungen fertig werden müssen und eine
Veranstaltung die andere förmlich jagt. Und wenn dann noch eine
Krankheit dazwischenkommt oder jemand mich auf dem falschen Fuß
erwischt, dann merke ich, wie nah mir dieser Elia ist, der sich zurück-
zieht und denkt: „Macht doch euren Mist alleine, ich habe keine Lust
mehr …" .Wie gut ist es dann, wenn ein Urlaub in Aussicht steht oder
wenn man sich ein paar Tage zurückziehen kann.

Von Elia heißt es „Und er legte sich hin und schlief unter dem
Wacholder …". Wohl dem, der schlafen kann, bei so viel Stress und
Erschöpfung. Oft ist es dann doch so, dass im Kopf die Mühle weiter-
rattert und ich zwar wegsacke, wie ein Kartoffelsack; aber nach drei
Stunden mitten in der Nacht wache ich auf und kann nicht mehr einschlafen, und dann geht es erst richtig los: Meine Gedanken, Ängste
und Wahnvorstellungen jagen mich und halten mich wach.

Zumindest dieses Problem scheint Elia nicht zu haben, er schläft
und schläft und schläft, bis ihn schließlich jemand berührt und eine
Stimme ihn weckt: *„Steh auf und iss!"* Diesen „jemand" beschreibt die
Bibel als „Engel", und seine Botschaft ist denkbar einfach: *„Steh auf
und iss!"* – *„Und er sah sich um, und siehe, an seinem Kopfende lag ein
geröstetes Brot und ein Krug mit Wasser!"* (1. Kön 19,1ff). Offensichtlich
hat Elia den Engel selbst gar nicht gesehen – nur das Ergebnis, nur die
Wohltat des Engels, die konnte er nicht nur sehen, sondern auch riechen und schmecken, betasten und essen: Leben mit allen Sinnen. Das
ist ein wichtiges Merkmal von allen alten, aber auch von allen moder-
nen Engelserfahrungen: Es geht nicht um den Engel, den Engeln geht
es nie um sich, sie bleiben am liebsten im Hintergrund, ungesehen,
so, als wäre da gar niemand, aber das Resultat einer Engelsbegegnung

kann man immer sehen und spüren, und oft merkt man erst im Nachhinein: Da muss ein Engel im Spiel gewesen sein.

In dieser Erzählung geht es auch um Gastfreundschaft. Ein Engel
ist hier der Gastgeber, der geröstetes Brot und Wasser bereitstellt. Und
seine Botschaft ist ganz simpel: *„Steh auf und iss!"* Der aus den tiefen Phasen eines Erschöpfungsschlafes aufgetauchte Elia könnte wohl
auch viel mehr nicht ertragen, und so taumelt er sich wach, sieht Brot
und Wasser, isst und trinkt und schläft weiter. Es gibt solche Phasen,
in denen wir einfach eine Auszeit brauchen, und wenn wir uns diese
Auszeit nicht nehmen, dann holt sich unser Körper diese Auszeit,
dann werden wir krank und unser Körper zwingt uns, auszuruhen,
zu entspannen und uns auf die ganz elementaren Dinge des Lebens
zu konzentrieren: schlafen, essen und trinken, schlafen. So komisch es
klingen mag, auch eine Krankheit kann uns zum Engel werden. Wir
werden herausgenommen aus dem Hamsterrad und erst einmal ruhig-
gestellt. Beachte ich die Engelsbotschaften, beachte ich die Botschaften
Gottes in meinem Leben? Oder läuft immer alles weiter und weiter,
ignoriere ich auch die Krankheit? Ich kann jetzt nicht, nicht jetzt …?

Und der Engel des Herrn kam zum zweiten Mal, rührte ihn an und
sprach: *„Steh auf und iss!"* Und diesmal ist er richtig gesprächig,
unser Engel, denn er fügt noch hinzu: *„Denn du hast einen weiten
Weg vor dir!"*

Erst beim zweiten Mal wird ein Ziel genannt. Das erste Mal Schlafen, Essen, Trinken und Schlafen ist völlig absichtslos – es steht kein
Anspruch im Raum, nichts muss erledigt werden. Du darfst so sein,
wie du bist, wie du dich gerade fühlst – das ist ganz wichtig. Das brauchen wir so dringend, dass uns jemand sagt: „Es ist okay!" Lege deinen
Terminkalender jetzt weg, hör auf ‚deine E-Mails zu checken, schalte
dein Smartphone aus und sei nicht verfügbar. Sei einfach mal „Du"
und entspanne dich – sonst nichts. *„Ich lasse los, ich lass es sein, mich*

ständig abzumüh'n, ich lass mich auf die Gnade ein, will frei durchs Leben geh'n.", heißt es in unserem Lied.

Aber genauso wichtig ist es dann, dass es irgendwann auch wieder weitergeht und wir gestärkt und ausgeruht aufbrechen zu neuen Ufern, mit einem neuen Ziel vor Augen und der frohen Hoffnung auf viele neue und gute Lebens- und Gotteserfahrungen.

Und wenn ich mir dann die Verse 11 und 12 des 91. Psalms in Erinnerung rufe: *„Denn er hat seinen Engeln befohlen, dass sie dich behüten auf allen deinen Wegen, dass sie dich auf den Händen tragen und du deinen Fuß nicht an einem Stein stößt"*, dann werde ich nicht nur leiblich gestärkt sein, sondern auch mit frischer Seele und Glaubenskraft mein Leben und mein Umfeld neu gestalten. Wenn ich beginne, die Boten Gottes und die Botschaften Gottes in meinem Leben zu beachten, werde ich auf einmal feststellen, dass auch ich anderen zum Engel werden kann.

„Du kommst wie gerufen …", sagen wir manchmal, wenn jemand plötzlich auftaucht und wir seine Hilfe gut gebrauchen können. Was wir nicht mehr wissen, ist, dass das eine „Engelsanrede" ist: Jemand hat unseren inneren Stoßseufzer gehört und plötzlich ist da ein Engel, der mit anpackt und der halt zufällig vorbeigekommen ist. Wie sensibel bin ich dafür, die Stimme Gottes in meinem Leben zu hören, wenn er MICH schicken will, wenn ICH einem anderen zum Engel werden soll, wenn es heißt: „Engel gesucht?"

Übung: Ich überlege mal, wo habe ich in meinem Leben schon Engel-Erfahrungen gemacht? Und wo durfte ich für andere zum Engel, zu einem liebevollen Boten Gottes werden? Ich gehe ins Internet und schaue mal nach, was da alles unter dem Stichwort „Engel" auftaucht. Und dann stelle ich mir vor, da ist ein Engel der Gnade, der mir sagt: „Es ist gut, du musst dich nicht noch mehr anstrengen: Essen, trinken, schlafen – vor aller Leistung bist du ein geliebtes Kind Gottes." Ich versuche, ein Dankgebet zu formulieren.

Jemand streicht ums Haus

Judas ist als „der Jünger, der Jesus verriet" in die Geschichte eingegangen. Eine Bezeichnung, die dem engagierten Jesusnachfolger Judas Ischariot sicher nicht gerecht wird. Es wurde und wird viel darüber spekuliert, warum er, der zum engsten Freundeskreis Jesu zählte, sich zu diesem Schritt verleiten ließ. Ich entdecke in meinem Leben als Christ, dass dieser Judas auch in mir steckt, der Eiferer, der, der oft über das Ziel hinausschießt und die Sache Jesu verrät: Judas gehört dazu! Dazu habe ich eine Parabel aus Schottland nacherzählt.

JEMAND STREICHT UM'S HAUS

Da saßen wir beisammen,
vereint, der harte Kern,
und feierten im Himmel
das Abendmahl des Herrn.
Alle war'n gekommen
und sahen glücklich aus,
da hörten wir beklommen:
Jemand streicht um's Haus.

Jakobus und Johannes
und Petrus war'n dabei,
es war ein buntes Treiben

wie in der alten Zeit.
Die Zweifler und die Frommen
trafen sich zum Schmaus,
da hörten wir beklommen:
Jemand streicht um's Haus.

Die Jüngerinnen waren
nun endlich integriert.
Maria Magdalena
hat sich eh nie geniert,
sie hieß alle willkommen
mit Lachen und Applaus,
da hörten wir beklommen:
Jemand streicht um's Haus.

So saßen wir zusammen
und teilten Brot und Wein,
da hielt der Heiland inne
und wandte plötzlich ein:
„Alle sind gekommen,
nur einer steht noch aus!"
Da hörten wir beklommen:
Jemand streicht um's Haus.

Jesus war aufgesprungen.
Er eilte aus dem Haus
und rief die frohe Botschaft
in die Nacht hinaus:
„Mensch, Judas, sei willkommen!
Ich sag' es frei heraus:
Dies Fest wird erst vollkommen

mit dir in unserm Haus:
Come and go with me to my father's house!"

TEXT UND MUSIK: CLEMENS BITTLINGER

Judas

Judas war ein Netzwerker, einer, der Begegnungen suchte und ermöglichte, das lag schon in seinem Namen: Iskariot. Dieser Name leitet sich ab von dem hebräischen Wort „queriot" = Begegnungen, und es gab auch ein Dorf in Judäa, das so hieß; „Isch Kariot" = der Mann aus Kariot. Ob er nun daher kam oder nicht, wo immer er herkam, das war sein erstes und ältestes Netzwerk – die Leute aus seinem Dorf, seine Familie, Freunde, die Nachbarn, das war seine Heimat, sein Zufluchtsort.

Eine andere Theorie vermutet, dass sein Beiname auf seine Mitgliedschaft bei den damaligen „Zeloten" hinweist, die zum Teil nach Art eines Guerillakampfes gewaltsame Attentate auf Römer oder deren „Kollaborateure" verübten und deshalb von diesen „Sikarier" („Dolchträger" im Sinne von „Meuchelmörder") genannt wurden. Das war das zweite mögliche Netzwerk; terroristische Zellen sind angewiesen auf Netzwerke – nur so funktioniert es: Du musst wissen, wo du abtauchen kannst, du musst wissen, wo du neue Pässe und Waffen herbekommen kannst, du musst wissen, wer dich über welche Grenze bringen kann, dies alles funktioniert nur mit Netzwerken.

Sein Vorname Judas weist auf einen Stammvater der zwölf Stämme Israels hin. Judas Ischariot war Mitglied der jüdischen Gemeinde, einem der ersten weltweiten Netzwerke überhaupt, bis zum heutigen Tag. Die Tatsache, dass das jüdische Volk bis zum heutigen Tag immer wieder verfolgt wurde, zwang die Menschen, zu ausgefeilten „Networkern" zu werden, und da den Juden im Mittelalter verboten war, ein

Handwerk auszuüben, begannen sie, Handel zu treiben und Geld zu verleihen. Und wenn heute Handel und Banken (und Datenbanken!) über die weltweit größten Netzwerke verfügen, dann verdanken sie das nicht zuletzt den Juden des Mittelalters, die überall vertrieben wurden.

Diese drei Netzwerke hatte Judas, der Mann aus Chariot, der Dolchträger aus dem jüdischen Volk, bereits im Hintergrund, als sich ihm ein völlig neues Netzwerk eröffnete, ein exklusives Netzwerk, in das gerne viele hineingekommen wären: Er wurde in den Kreis der zwölf Jünger Jesu berufen. Er muss ein sympathischer Bursche gewesen sein, denn in den Evangelien wird immer gleich der Zusatz gebracht: „...der Jünger, der Jesus später verriet" – „Judas Ischariot, der Jünger, der Jesus später verriet", literarisch völlig dilettantisch. Stellen Sie sich vor, Sie lesen einen Roman, und da steht dann auf Seite 10: „Henry Miller, der Butler, der später, ganz zum Schluss, mit der Tochter des Hauses durchbrennen wird ...". Die ganze Spannung rausgenommen, die Pointe vorweggenommen, das ist, als wenn Sie gerade ein superspannendes Buch lesen und mit anderen darüber reden, und plötzlich sagt jemand: Ach ja, das habe ich auch gelesen, am Ende stirbt der Held – wollen Sie das hören oder wissen, wenn Sie gerade erst mal auf Seite 120 sind und soeben den Helden in Ihr Herz geschlossen haben? Nein, das wollen Sie nicht hören, und das ist gemein, wenn jemand so etwas tut. Doch die Verfasser der Evangelien machen von vorneherein klar: Fang' gar nicht erst an, diesen Judas zu mögen, denn das ist der, der später Jesus verraten wird. Also muss er sympathisch gewesen sein, und jemand, der sympathisch ist, dem öffnen sich viele Türen, gerade auch dann, wenn er ein Netzwerker ist. Außerdem muss er zuverlässig und absolut loyal gewesen sein, denn er wurde von Jesus zum Schatzmeister ernannt: Judas, der Mann aus Chariot, Mitglied eines Geheimbundes, Mitglied des jüdischen Volkes, einer der zwölf Jünger, war der Finanz-Networker, und er hatte sicher die meisten Außenkontakte. Er war dabei, wenn Dinge besorgt werden mussten, hielt Kontakt zu den Händlern und den Privatleuten, bei denen sie übernachten konnten. Ich stelle mir vor: er war derjenige, den die wohlhabenden Bürger, die Jesus inkognito unterstützen wollten, beiseite nahmen und ihm Geld zusteckten. Und doch wird er im Neuen Testament absolut negativ dargestellt, als ein Verräter. Einer aus dem engsten Freundeskreis verrät den geliebten Meister, verkauft seine Seele für dreißig Silberlinge (der damals übliche Preis für einen Sklaven). „Du Judas", sagen wir manchmal, wenn wir uns von jemandem hintergangen bzw. verraten fühlen. Ja, dafür steht er, dieser Judas. Die Theologin und Publizistin Angelika Obert geht in einer Rundfunkandacht im Deutschlandfunk über Judas auf Spurensuche in ihrer Kindheit. Einerseits sei dieser „Teufel", so wie man ihn ihr nahegebracht hätte, der Inbegriff der Gemeinheit und Heimtücke gewesen, andererseits habe sie schon als Kind gespürt und erahnt, dass dieser Jünger auch ein Teil des göttlichen Heilsplanes gewesen sein musste.

Die Schlüsselszene, auf die der Liedtext „Jemand streicht um's Haus" Bezug nimmt, steht bei Markus im 14. Kapitel, Verse 17–21:

Am Abend aber kam er mit den Zwölfen. Und als sie zu Tische saßen und aßen, sprach Jesus: ‚Wahrlich, ich sage euch: Einer unter euch, der mit mir isst, wird mich verraten/ausliefern. Und sie wurden traurig und sagten zu ihm, einer nach dem andern: Bin ich's? Er aber sprach zu ihnen: Einer aus den Zwölfen, der mit mir in die Schüssel taucht. Zwar des Menschen Sohn geht hin, wie es von ihm geschrieben steht; weh aber dem Menschen, durch welchen er ausgeliefert wird. (Luther-Bibel, Ausgabe 1964)

Dazu Obert: „*Einer unter euch wird mich verraten", heißt es in der Luther-Bibel. Aber das ist nicht richtig übersetzt. Im griechischen Urtext ist Judas kein „Verräter", sondern „Einer, der Jesus übergibt", ihn ausliefert. So wie es auch von Gott gesagt wird: Er gibt seinen Sohn hin. Und von Jesus: Er gibt sich selbst hin. Immer steht da das gleiche Wort: paradidonai. So tut Judas also nur das, was nach biblischer Überzeugung geschehen muss. Trotzdem gilt ihm das „Wehe": „Wehe aber dem Menschen, durch welchen er ausgeliefert wird."*

Im Text des Markusevangeliums ist es unüberhörbar: Dieser Mensch wird einer von den Zwölfen sein, die zu den engen Jüngern Jesu gehören. Kein heimlich Abtrünniger, sondern einer, der Jesus nahesteht. Und so wird allen Zwölfen auch gleich wehe zumute. Einer wie der andere fragt: Bin ich das etwa? Jeder hält es für möglich: Ich könnte es sein. Schließlich haben sie alle Jesus oft missverstanden. Oft hat er ihnen gezeigt, wie vernebelt sie in ihren Herzen doch sind. Sie haben Recht, an sich zu zweifeln, denn in den kommenden Stunden des Schreckens werden sie alle miteinander versagen: einschlafen, weglaufen, Jesus verleugnen. Sie sind nicht die Guten, unter denen Judas der einzige Abtrünnige ist.

Im Markusevangelium, das als erstes von den vier Evangelien entstand, wird es deutlich betont: Judas ist einer von uns. Wir alle könnten er sein." (DLF, 02.04.2017)

In seinem Essay „Der fromme Judas" hielt schon Mitte der 1970er Jahre der bekannte Literaturhistoriker Walter Jens ein flammendes Plädoyer für die Heiligsprechung des Judas: *„Hätte er sich geweigert, unseren Herrn Jesus den Schriftauslegern und Großen Priestern zu übergeben, hätte er Nein gesagt, ‚nein, ich tue es nicht, jetzt nicht und auch in Ewigkeit nicht', als Christus ihn anflehte, barmherzig zu sein und ein Ende zu machen, hätte er sich seiner Bestimmung entzogen und die Tat verschmäht, die um unser aller Erlösung willen getan werden musste – er wäre an Gott zum Verräter geworden. Ohne Judas kein Kreuz, ohne das Kreuz keine Erfüllung des Heilsplans. Keine Kirche ohne diesen Mann; keine Überlieferung ohne den Überlieferer."* (Zeit-Archiv, 21.11.12)

„Könnte ich sein" heißt einer der Liedtexte in diesem Buch und genau das ist die Reaktion der Jünger, und das ist auch die Reaktion des ostdeutschen Songpoeten Gerhard Schöne, der nach der Wende ein Lied geschrieben hat, in dem er versucht, eine versöhnende Brücke zu all jenen zu bauen, die zu DDR-Zeiten als Spitzel der Stasi ihr eigenes Volk und oft auch ihre engsten Freunde verraten haben.

BRUDER JUDAS

Setz dich zu mir, Bruder Judas.
Nimm vom Hals das Seil!
Wisch die Tränen von den Wangen.
's ist genug kaputt gegangen
und wird nicht mehr heil.

Misstrau'n hast du wie ein Unkraut
zwischen uns gestreut.
Jugend aus dem Land getrieben,
eingelocht und aufgerieben
viele gute Leut'.

Schriebst ins Klassenbuch Notizen
über jedes Kind.
Lehrtest mit zwei Zungen reden,
petzen, heucheln, leise treten,
's Mäntelchen im Wind.

Trankst als einer meiner Freunde
Brüderschaft mit mir.
Hast in meiner Post gelesen,
hinterm Telefon gesessen,
gingst durch meine Tür.

Dann verfasstest du Berichte,
knüpftest einen Strick.
Daraus wuchs ein Netz von Schlingen.
Manchen, die sich d'rin verfingen,
brach es das Genick.

Und ich war auch dein Komplize.
Gab dir lange Zeit
durch mein Schweigen und mein
Dulden
eines jeden Mitverschulden,
solche Sicherheit.

Dich hat der Verrat zerfressen.
Freundschaft ist ein Hohn.
Die Gedanken sind verdorben,
dein Gewissen fast gestorben
für den Silberlohn.

Schutzlos stehst du jetzt am Pranger,
man darf dich bespei'n.
Die sonst nie den Mund auftaten,
niemals aus dem Schatten traten,
werfen ihren Stein.

Nimm ein heißes Bad und schrubb` dich!
Bist noch lang nicht rein.
Lern bereu'n, ich lern vergeben,
müssen doch zusammenleben,
Judas, Brüderlein.

TEXT: GERHARD SCHÖNE | MUSIK: DAVID PLÜSS

ABDRUCK MIT FREUNDLICHER GENEHMIGUNG VON WWW.BUSCHFUNK.DE

Übung: Ich nehme mir Zeit und versuche mich zu erinnern: Wo wurde ich schon mal verraten? Ich schreibe es auf. Wo hat mich jemand verpfiffen? Wo hat jemand gepetzt? Warum, was waren die denkbaren Motive? Wann habe ich schon mal jemanden verraten? Wann habe ich anderen etwas weitererzählt, was mir jemand stillschweigend anvertraut hat? Ich meditiere die Bitte aus dem Vaterunser: „Und vergib uns unsere Schuld, wie auch wir vergeben unseren Schuldigern!"

Er – sie – ich

In den 1980er Jahren sorgten die beiden Travestiekünstler Georg Preuße und Reiner Kohler als das Travestieduo Mary & Gordy, das sowohl auf namhaften Bühnen als auch in vielen Unterhaltungsshows im Fernsehen auftrat, für Furore. Es war unglaublich, wie glaubhaft und echt diese beiden Männer recht attraktive und humorvolle Frauen in den schillerndsten Outfits darstellten. Ihre Shows waren voller Sehnsucht, Lebenslust und Leidenschaft und das in einer Intensität, der ich mich kaum entziehen konnte. Besonders berührend fand ich den Schluss ihrer Show, bei dem sie sich vor dem Spiegel abschminkten und wieder zu Männern wurden, dabei sangen sie das Lied „Wer immer lacht, dem glaubt man nicht, dass er auch weinen kann, und wenn ihm fast das Herz zerbricht, man sieht es ihm nicht an ...", ein Lied, das ich seit vielen Jahren immer wieder auch im Konzertprogramm spiele, und das ich 1995 zusammen mit der Sängerin Pe Werner auf meinem Album „Auf der Grenze" (produziert und arrangiert von Werner Hucks) aufgenommen habe.

Wer immer lacht, dem glaubt man nicht, dass er auch weinen kann. Und wenn ihm fast das Herz zerbricht, man sieht es ihm nicht an. Und von mir erwartet ihr nur Spaß und schönen Schein; es ist nicht leicht, ein Clown zu sein. Der Mensch liebt Freunde, die gerne lachen, die ihm das Leben leichter machen. Doch mit Problemen, mit Unangenehmem, ist man doch meistens irgendwie ganz allein. Wer immer lacht, dem verzeiht man nicht, dass er auch einmal weint. So wie man auf das Wetter schimpft, wenn die Sonne mal nicht scheint. Jeder möcht' von ihm mit Recht ein Lächeln, wär's auch klein. Es ist nicht leicht, ein Pfarrer (Clown) zu sein. Wie soll er euch nur zum Lachen bringen, wenn ihm die Späße nicht gelingen? Und würd' er sich zwingen zu lustigen Dingen, es ginge daneben, er ist auch nur ein Mensch. Wer immer lacht, dem glaubt man nicht, dass er auch weinen kann. Und wenn ihm fast das Herz zerbricht, man sieht es ihm nicht an. Doch ist eure Freude echt und nicht nur falscher Schein, dann ist es leicht, ein Clown zu sein. (Text: Kurt Hertha, mit freundlicher Genehmigung von: Verlag: Bavaria Media GmbH/SMPG Publ.)

An einer Stelle habe ich den „Pfarrer" als Narr im Auftrag Gottes eingefügt, so wie ich es auch hin und wieder gerne in unseren Konzerten singe.

Mary & Gordy wurden überschüttet mit renommierten Preisen (Goldene Europa, Goldene Kamera) und erhielten sogar ein Angebot (ähnlich wie Siegfried & Roy), eine dauerhafte Show in Las Vegas zu etablieren. Das lehnten die beiden, wohl aus Angst in Vegas hängen zu bleiben, jedoch ab. Reiner Kohler (Gordy) konnte wegen gesundheitlicher Probleme ab Ende der 1980er Jahre nicht mehr auftreten und verstarb 1995. Georg Preuße begann als Mary mit großem Erfolg eine Solokarriere. 1999 bekam Georg Preuße den BZ-Kulturpreis der Stadt Berlin verliehen. In der Begründung der Jury hieß es: „Mit Charme und Eleganz hat Georg Preusse das Travestiegenre aus der Subkultur befreit und zum populären Entertainment gemacht … Menschen ansprechen, Gefühle zulassen, Ausgegrenzte umarmen, eine Lanze für Alte, Kinder und Kranke brechen. Lustig sein, Politiker aufs Korn nehmen. Kampf gegen Rechtsradikalismus, Dumpfheit und Krieg. Das ist Mary. Ein starkes Stück Kultur."

Diese liebevolle Beschreibung hätte auch auf Jesus von Nazareth zutreffen können. Heutzutage ist Travestie, dank Mary, Olivia Jones und Lilo Wanders, um nur einige Namen zu nennen, ein ziemlich normales Phänomen und nach wie vor ein erfrischendes, künstlerisches Gestaltungselement. Travestie ist ein Zugang, der es schafft, dass wir uns auf spielerische Weise der gesamten Genderfrage, der Rolle von Homosexualität in unseren Kirchen und unserer Gesellschaft unverkrampft und auch humorvoll nähern können. Zum Lachen ist vielen Betroffenen, die immer noch auf Ausgrenzung und Intoleranz stoßen und die sich nicht trauen, in bestimmte Länder zu reisen, allerdings mitunter weniger. Noch komplizierter wird es, wenn eine Frau den Eindruck hat: Ich lebe im falschen Körper und fühle mich eigentlich wie ein Mann. Umgekehrt natürlich auch.

Schätzungen des Ethikrats zufolge leben in Deutschland 80.000 Intersexuelle. Bei ihnen lassen sich die bestimmenden Merkmale wie Chromosomen, Hormone, Keimdrüsen oder äußere Geschlechtsorgane nicht eindeutig zuordnen. Früher war meistens von „Zwittern" die Rede, das wird aber von manchen als diskriminierend empfunden. Betroffene, deren Eltern versucht haben, nach der Geburt mit einer Operation Klarheit zu schaffen, leiden darunter oft ein Leben lang. Seit November 2013 darf ein Neugeborenes auf Empfehlung des Ethikrats ohne Angabe ins Geburtenregister eingetragen werden, wenn das Geschlecht unklar ist. „Vanja aus Leipzig wurde 1989 auf dem Standesamt im niedersächsischen Gehrden bei Hannover als Mädchen registriert. Laut BGH-Urteil vom Herbst 2017 steht es Intersexuellen frei, diese Angabe heute streichen zu lassen. Aber das wollen viele Intersexuelle nicht. ‚Keinen Eintrag zu haben ist für mich eben nicht dasselbe wie einen passenden Eintrag zu haben.'" (Die WELT, 8.11.2017)

....

ER – SIE – ICH

Ich wurde einst einmal als Frau geboren,
zumindest äußerlich sah es wohl so aus,
und trotzdem fühlte ich mich hilflos und verloren
vor jedem bunten Barbie-Puppenhaus.
Ich interessierte mich für hochgetunte Wagen,
lieh mir die Klamotten meines Bruders immer aus,

ich habe niemals einen Rock getragen
und fühlte mich in mir nie zuhaus'.

Und irgendwann da kamen die Gedanken:
,Vielleicht bist du ja im Innersten ein Mann,
und deshalb spürst du ständig diese Schranken,
weil 'ne Frau nun mal kein Mann sein kann.'
Ich suchte das Gespräch mit denen, die mich kannten,
das war'n die Eltern und mein engster Freundeskreis
ich merkte bald, dass sie es nicht verstanden,
was fremdbestimmt zu leben letzten Endes heißt.

Ich fand den Arzt, den jungen, wirklich netten
„Wir machen aus dir einen echten Mann",
versprach er und verschrieb mir die Tabletten,
und langsam fing bei mir der Bartwuchs an.
Doch auch als Mann fühl ich mich nicht verstanden,
ich denke, ich bin seltsam „in between".
Denn nun „als Mann" kommt mir die Frau abhanden,
die ich ja trotzdem irgendwie noch bin.

Wie ich so lebe als ein Zwischenwesen,
ist sicherlich ein bunter Sonderweg.
Daraus für alle nun die Regel abzulesen,
wer Mann, wer Frau ist, sei nicht festgelegt,
das halte ich für etwas übertrieben:
Ohne „männlich – weiblich" fängt kein Leben an.
Doch ist es, wenn sich Menschen innig lieben,
wirklich egal, ob Frau, ob Mann.

TEXT: CLEMENS BITTLINGER | MUSIK: OLIVER GIES

In Berlin sorgte eine vom Senat herausgegebene Aufklärungsbroschüre für Kindergartenkinder mit dem Titel: „Murat spielt Prinzessin, Alex hat zwei Mütter und Sophie heißt jetzt Ben", für einen Eklat. Zu Recht, wie ich finde. Kleine Kinder, die sich in dieser psychosexuellen Entwicklungsphase befinden, müssen bzw. sollten noch nicht mit Themen wie Geschlechteridentität, Transsexualität, Regenbogenfamilien oder Geschlechtervarianten konfrontiert werden. Passagen wie: „Mein Name (ist Kim und der) ist für Jungs und für Mädchen. Ich möchte mal einen Bart haben, Brüste mit Milch drin, Baby im Bauch, Penis und Scheide und eine hohe Stimme", sind nicht nur für kleine Kinder verstörend und haben nichts in den Lehrplänen von Kindergärten und Grundschulen zu suchen. Hier kippt m. E. eine ideologisch aggressive Transgender-Lobby das Kind mal wieder mit dem Bade aus. Natürlich muss das Thema irgendwann vorkommen, aber doch nicht als möglichst frühzeitig platziertes Generalangebot (so nach dem Motto: „Und nun basteln wir uns mal fröhlich unsere Transgender-Identität"), sondern als offenes, psychologisch begleitetes und annehmendes Angebot für Menschen, die diesen (mitunter sehr einsamen und schweren) Pfad beschreiten wollen und müssen. Wer so mit dem Thema umgeht, wie der Berliner Senat dies mit seiner Broschüre versucht hat, erweist dem gesamten Themenkomplex einen Bärendienst.

Von einer Psychologin, die seit vielen Jahren in einer psychiatrischen Ambulanz für Kinder und Jugendliche als Therapeutin tätig ist, höre ich die Einschätzung: „Leider nimmt bei vielen Jugendlichen die Geschlechterverwirrung zu und die Bereitschaft sich fortzupflanzen eher ab!" Deshalb habe ich im letzten Vers getextet: *Wie ich so lebe als ein Zwischenwesen, ist sicherlich ein bunter Sonderweg. Daraus für alle nun die Regel abzulesen, wer Mann, wer Frau ist, sei nicht festgelegt, das halte ich für etwas übertrieben: Ohne „männlich – weiblich" fängt kein Leben an.*

Aus der Nähe

Wie begegnen wir dem Fremden? Wie gehen wir um mit Themen, die uns fremd sind, die uns unangenehm berühren und mit denen wir nichts zu tun haben wollen? Und wie können wir frei werden von falschen Klischees und Vorurteilen? In meinem Lied „Aus der Nähe" greife ich zwei dieser Themen heraus: Die, nicht erst seit Thilo Sarrazin, weit verbreitete Islamphobie und die ebenfalls weit verbreiteten Berührungsängste bei dem Thema Homosexualität. Darin heißt es:

Aus der Nähe stellt sich vieles anders dar,
aus der Nähe nehmen wir erst vieles wahr,
was mit Abstand so nicht zu erkennen war,
erst die Nähe schenkt uns Liebe, macht uns klar:
Aus der Nähe stellt sich manches anders dar.

Das stimmt zweifellos, erst wenn ich mich auf jemanden wirklich einlasse, lerne ich ihn auch wirklich kennen, und erst, wenn ich jemanden wirklich kennengelernt und Nähe zugelassen habe, kommen auch Gefühle, Zuneigung, kommt auch die Liebe mit ins Spiel. Und diese Zuneigung, diese persönliche Anteilnahme lässt uns „automatisch" näher und genauer hinsehen und hinhören. Meine Frau und ich haben uns eine Zeit lang regelmäßig mit einer muslimischen Familie getroffen: Wir waren einander Gastgeber, haben zunächst gegessen und getrunken und haben dann in einem zweiten Teil des Abends anhand des Korans und der Bibel verschiedene Themen diskutiert. Man könnte sagen, wir hatten damals einen „christlich-islamischen Hauskreis". Ich war beeindruckt von der Gastfreundschaft, von der guten Atmosphäre, die das Haus ausstrahlte, ich war beeindruckt davon, dass unsere muslimischen Freunde fünfmal am Tag beteten, und von der Art und Weise,

115

wie sie ihre Kinder erzogen. Ich habe aber auch sehr viel gelernt: Ich habe gelernt zu verstehen, wie ein gläubiger Moslem die Bibel liest und welches Bild er von Jesus hat. Ich habe auch sehr viel über meinen eigenen Glauben gelernt – ich habe gelernt klarer zu formulieren, warum ich was glaube und warum ich z. B. an den dreieinigen Gott glaube, warum es nicht einfach nur eine Floskel ist, wenn wir einen Gottesdienst „Im Namen des Vaters und des Sohnes und des Heiligen Geistes" feiern. Unsere Gesprächspartner waren sehr belesen, und immer wieder kam die Aufforderung: „Ihr müsst mal den Koran lesen, durchlesen, damit ihr den großen Bogen, den dieses Buch umfasst, kennenlernt!" Ich dachte mir: „Recht haben sie, auch das musst du dir genauer, aus der Nähe, anschauen, sonst kannst du nicht mitreden!" Und so habe ich mich in einem Urlaub auf der wunderschönen Insel Kreta daran gemacht, den Koran komplett durchzuarbeiten. Parallel dazu habe ich das dicke Werk von Annemarie Schimmel über die islamische Mystik gelesen. Es war ein mühsames Unterfangen, denn der Koran erwies sich als ein sperriges und für mich zunehmend ärgerliches Buch, ärgerlich deshalb, weil das christliche Bekenntnis zu dem dreieinigen Gott vom Koran immer und immer wieder an vielen Stellen als die schlimmste aller Sünden beschrieben wird. Wenn wir also als Christen zu dem dreieinigen Gott beten, dann begehen wir aus der Sicht des Koran die schlimmste vorstellbare Sünde (Shirk), „eine Sünde, die Allah nicht verzeiht". Im Koran wird derjenige der schlimmsten Blasphemie bezichtigt, der Allah/Gott (auch die Christen in der arabischen Welt sagen zu Gott „Allah") jemanden „beigesellt", und sagt: Gott hat einen Sohn (z. B.: Sure 4,116, 171, Sure 5,17, 112). Der Islam wurde wohl in schroffer Abgrenzung zum Christentum entwickelt und formuliert. Das erkannte ich mit einem Mal sehr deutlich, und das war mir in unseren freundschaftlichen Begegnungen und Gesprächen so nicht klar gewesen. Wenn Kolleginnen und Kollegen nun innerhalb des interreligiösen Dialogs sagen: „Na ja, das mit der Trinität sehen wir Christen ja im Grunde gar nicht so eng, und Jesus ist auch für uns in erster Linie ein vorbildlicher Mensch und Prophet gewesen, und die Bezeichnung als „Sohn Gottes" möchte diese Besonderheit nur hervorheben!", dann können sie das tun, aber sie verleugnen damit das christliche Glaubensbekenntnis, sie verlassen den liturgischen und theologischen Konsens, mit dem wir jeden Gottesdienst, jede Taufe und jedes Abendmahl „im Namen des Vaters und des Sohnes und des Heiligen Geistes" feiern. Der Koran leugnet die Kreuzigung Jesu und er leugnet die Auferstehung Jesu. Kreuz und Auferstehung sind aber die zentralen Eckpunkte des christlichen Glaubens. Als mir diese Unterschiede aufgrund meiner Koranlektüre so deutlich wurden, verloren unsere Gespräche an Unbefangenheit, denn mir war es ab diesem Zeitpunkt wichtiger denn je, klar zu machen, dass bestimmte Positionen für mich nicht verhandelbar waren. Im Gegenzug stellten wir fest, dass genau diese Positionen auch für unsere muslimischen Geschwister nicht verhandelbar waren. Hier beginnt nun die Toleranz: Toleranz bedeutet: „Ich bin überhaupt nicht deiner Meinung, aber ich werde mich von ganzem Herzen dafür einsetzen, dass du sie auch weiterhin vertreten kannst" (Voltaire). Neben dem tiefen Schmerz und der Erkenntnis, dass Muslime und Christen nicht zu demselben Gott beten können, ist aus dieser Zeit der tiefe Respekt und meine Hochachtung für jeden gläubigen Muslim, der sich mit ganzer Seele nach der Gegenwart Gottes ausstreckt, geblieben.

Es ist gut zu wissen und sich „aus der Nähe" zu betrachten, was und wie der andere glaubt und denkt. Und dann muss man sich aber auch von all dem wieder lösen können und sich klar machen, dass die meisten Muslime „ihren" Koran gar nicht kennen (wie im Übrigen auch die meisten Christen „ihre Bibel" nicht kennen) und mit Religionsstreitigkeiten nichts im Sinn haben. Die meisten wollen einfach als gläubige, rechtschaffene und freiheitsliebende Menschen mit uns in einem demokratischen Rechtsstaat leben. Ich habe die große Hoffnung, dass es in Zukunft in Deutschland und Europa einen freiheitlich geprägten, historisch-kritischen Islam geben kann. Deshalb habe ich das Lied „Aus der Nähe" geschrieben, selbst auf die Gefahr hin, dass man mir Naivität vorwerfen kann. Ich glaube, Dialogbereitschaft muss auch immer einen gewissen Vorschuss an Vertrauen investieren, ich finde das nicht naiv, sondern friedens- und lebensnotwendig. Außerdem gibt es gar keine Alternativen. Integration kann doch nur gelingen, wenn alle Beteiligten sich auf den Weg machen und einander mit Hochachtung und Respekt begegnen.

AUS DER NÄHE

Schreckgespenst Islamisierung:
„Moslems, ‚Schläfer' überall!",
solch globale Diffamierung
findet manchen Widerhall.

Wenn ein tiefgläubiger Moslem
fröhlich und fünfmal am Tag
sich zu seinem Gott hinwendet,
leistet er einen Beitrag
zu dem Frieden, den wir brauchen,
denn er betet für die Welt
und für alle Friedensstifter,
die das tun, was Gott gefällt.

Aus der Nähe stellt sich vieles anders dar,
aus der Nähe nehmen wir erst vieles wahr,
was mit Abstand so nicht zu erkennen war,
erst die Nähe schenkt uns Liebe, macht uns klar:
Aus der Nähe stellt sich manches anders dar.

Warst du je bei den Muslimen
eingeladen als ein Gast,
wenn nicht, hast du wirklich etwas
Ungewöhnliches verpasst:
Tische biegen sich vor Essen,
Düfte, Farben voller Kraft
zeigen dir: Du bist willkommen!
Das ist wahre Gastfreundschaft.

Aus der Nähe stellt sich vieles anders dar,
aus der Nähe nehmen wir erst vieles wahr,
was mit Abstand so nicht zu erkennen war,
erst die Nähe schenkt uns Liebe, macht uns klar:
Aus der Nähe stellt sich manches anders dar.

Schreckgespenst: die Homoszene,
„Schwule, Lesben überall!"
Solch globale Diffamierung
findet manchen Widerhall.

Wenn jedoch eins deiner Kinder
eines Tages dir gesteht,
dass es sich bei aller Liebe
nicht mit Heteros versteht,
dann wird deine Kälte schmelzen,
und du schaust genauer hin,
ihm wirst du wohl doch zuhören,
denn es ist dein liebes Kind.

Aus der Nähe stellt sich vieles anders dar,
aus der Nähe nehmen wir erst vieles wahr,

was mit Abstand so nicht zu erkennen war,
erst die Nähe schenkt uns Liebe, macht uns klar:
Aus der Nähe stellt sich manches anders dar.

TEXT: CLEMENS BITTLINGER | MUSIK: DAVID PLÜSS

In diesem Liedtext geht es um Barmherzigkeit und um die Bereitschaft, dem Andersartigen wirklich zu begegnen, und es geht um Toleranz, Toleranz auch homosexuellen Menschen gegenüber. Und hier sind auch die Muslime gefragt, die in Deutschland leben: Wie tolerant sind sie? Denn gerade beim Thema Homosexualität hört die Toleranz vieler Muslime einfach auf. Doch auch für sie gilt: „Aus der Nähe stellt sich vieles anders dar!" Der ägyptische Autor Hamed Abdel Samad berichtet in seinem Buch „Mein Abschied vom Himmel" (Knaur 2009) über homosexuelle Exzesse junger muslimischer Männer, die sich vor der Ehe keiner Frau nähern, geschweige denn mit ihr ins Bett gehen dürfen. In diesem Buch schildert der Autor auf erschütternde Weise, wie er als Jugendlicher von älteren Männern mehrfach vergewaltigt wurde.

Vor etlichen Jahren hatte ich im Rahmen der Veranstaltungsreihe Bistro Nachtcafé zu dem Thema „Homosexualität und Kirche" ein homosexuelles Paar (zwei Männer) zu Gast. Damals wurde in der Hessischen Landeskirche die Frage heiß diskutiert, ob man homosexuelle Partnerschaften kirchlich segnen darf oder nicht. Es war eine sehr schöne Veranstaltung, und auch das Gespräch zwischen mir und den beiden Männern verlief sehr gut. Das Publikum hatte die Möglichkeit, sich direkt an die beiden zu wenden, und es kamen sehr viele und persönliche Fragen. Das hat mir an dieser Veranstaltung am besten gefallen, dass hier nicht „über" Menschen, sondern mit den Betroffenen gesprochen wurde. Viele Vorurteile konnten aus dem Weg geräumt werden.

Immer wieder, wenn ich z. B. nach Konzerten mit anderen ins Gespräch komme, fällt mir auf, dass man über viele Dinge trefflich diskutieren kann und sehr schnell in eine klischeehafte Argumentation verfällt, solange man nicht selbst betroffen ist. Ich stelle dann hin und wieder die Frage: „Stellen Sie sich vor, Ihr eigenes Kind würde Ihnen gestehen, es sei homosexuell, würden Sie dann genauso forsch und schnell argumentieren, oder wären Sie bereit, ein zweites Mal hinzuhören und zu schauen, und sei es einfach nur deshalb, weil es Ihr eigen Fleisch und Blut, Ihr geliebtes Kind ist?" Ich habe es in solchen Gesprächen noch nie erlebt, dass mein Gesprächspartner nicht kurz innehielt.

Es ist einfach so: *Erst die Nähe schenkt uns Liebe, macht uns klar: Aus der Nähe stellt sich manches anders dar.*

Als der Politiker Klaus Wowereit nach seiner Wahl zum Berliner Regierenden Bürgermeister ins Blitzlichtgewitter und die offenen Mikrophone verkündete: „Ich bin schwul, und das ist gut so!", hat er einen wichtigen, mutigen und guten Schritt getan. Er hat damit vielen Menschen Mut gemacht, aus dem Schatten und aus der Angst herauszutreten. Aus vielen Begegnungen und Gesprächen mit Homosexuellen weiß ich, wie verletzend es für einen Menschen, der offensichtlich nicht anders kann, ist, wenn sie/er von religiöser Seite (und hier stehen sich die unterschiedlichen Religionen in nichts nach) verteufelt und „gesund gebetet" werden soll. Ich erhalte Briefe von Menschen, die sich darüber beschweren, dass ich nicht eine fundamental-biblizistische Position, nämlich die radikale Verurteilung von Homosexualität, vertrete. Nun, wenn ich davon ausgehe, dass die Liebe über allem steht (1. Korinther 13) und dass Jesus selbst das traditionelle Rechtsdenken im Namen der Liebe und der Barmherzigkeit durch den einfachen Satz: *„Wer ohne Schuld ist, werfe den ersten Stein!"*, mehr oder weniger aufgehoben hat, dann ist der biblische Befund nicht mehr so ganz eindeutig. Außerdem wissen wir heute viel mehr über Homosexualität, und wie sie entsteht, als man damals wusste. Sie ist, wie auch der gesamte Themenkomplex „Intersexualität", bei Mensch und Tier eine Spielart der Natur, gegen die ich mich zwar wehren kann, die letztendlich aber zur Lebensvielfalt und -wirklichkeit dazu gehört. Ich bin froh, dass ich in einem Land leben darf, in dem wir auch als evangelische Kirche dieser bunten, in der Schöpfung angelegten Vielfalt mit einer fröhlichen Gelassenheit begegnen.

Übung: Mitten im Sommer ist auf einmal Fasching. Ich gehe in einen Kostümladen und schlüpfe mal in wunderbare Frauenkleider. Ich drehe mich vor dem Spiegel und versuche mir vorzustellen, ich wäre eine Frau. Ich ziehe mir Stöckelschuhe an (gibt es die überhaupt in Größe 45?) und versuche, damit ein paar Schritte zu gehen. Wie fühlt sich das an? Ganz ehrlich: Mir fällt zu diesem Thema keine gescheite Übung ein: Vielleicht besuche ich mal einen Christopher Street Day und tauche ein in die bunte Vielfalt der Travestie- und Homoszene. Ich besorge mir die Autobiografie der Drag Queen Olivia Jones und lerne den mitunter sehr schweren Weg auch dieser von Gott geliebten Regenbogenkinder kennen.

Dieses Land, in dem ich lebe ...

Ich liebe meine Heimat. Deutschland ist ein tolles Land. Von Deutschland aus kann man ohne Visum in 158 Länder reisen. Der deutsche Pass ist neben dem Pass aus Singapur der „mächtigste Pass der Welt". Das ist deshalb so, weil man in diesen Ländern weiß, wir Deutschen wollen nicht bleiben, wir wollen zurück in unsere Heimat. Das wäre doch schon mal ein echter Grund, glücklich zu sein, die Feststellung: „Hey, ich habe einen deutschen Pass! Ich wurde in eines der reichsten und komfortabelsten Länder dieser Welt hineingeboren!" Wie viele Menschen auf dieser Welt träumen davon, solch einen Pass zu besitzen? Wie viele Flüchtlinge nehmen ungeheure Strapazen auf sich mit dem einen, großen Ziel: Ich möchte in Deutschland leben, wenn ich nur einen deutschen Pass hätte, dann würde alles gut. Sicher, da ist viel Träumerei, Fehlinformation und Wunschdenken dabei, da wird unser Land idealisiert zu einem Traumland, einem Land, in dem „Milch und Honig" fließt. „Milch und Honig" ist ja eine Redewendung aus dem Alten Testament. Das Volk Israel träumte in der Zeit der ägyptischen Sklaverei von solch einem Land, und es hatte allen Grund davon zu träumen, denn ein Prophet namens Mose machte diesen Menschen Mut und verhieß ihnen im Namen Gottes eine neue, eigene Heimat, ohne Sklaverei, ohne Fronarbeit, ein Land eben, in dem „Milch und Honig" fließt. Vielen der Menschen, die heutzutage aus ihrer Heimat aufbrechen, mögen die Versprechungen der kriminellen Schlepperbanden wie wunderbare Verheißungen aus einem Schlaraffenland erscheinen, und die Kriminellen tun auch alles, um diese Illusion aufrechtzuerhalten. „Wenn du nach Deutschland kommst, wirst du bald ein eigenes Haus oder eine eigene Wohnung besitzen, du wirst ein schickes Auto fahren. Du wirst viel mehr Geld verdienen, als du dir vorstellen kannst. Du wirst reich sein und jede Menge Geld in die Heimat schicken können. Deine Familie wird stolz auf dich sein, und du wirst dann deine Familie nach Deutschland holen können. Und selbst wenn die Deutschen dein Asylgesuch ablehnen, kannst du Widerspruch einlegen und dann wahrscheinlich trotzdem bleiben. Außerdem gibt es ja noch das Kirchenasyl. Es gibt so viele Möglichkeiten in diesem Land …" Mit solchen Versprechungen werden die Menschen heiß gemacht, und viele Familien legen Geld zusammen, damit wenigstens einer es probieren kann, ins „gelobte Land" zu kommen. Wie groß ist dann oft die Enttäuschung und die Verzweiflung, wenn die „Auserwählten" dann, wenn sie es unter aberwitzigen Anstrengungen geschafft haben, tatsächlich in einem der Auffanglager unseres Landes zu landen, erkennen müssen: Ich bin in einem kalten Land gelandet – das Wetter ist kalt und nass, die Menschen sind kalt und oft unfreundlich, und der Arbeits- und Wohnungsmarkt ist kalt und verschlossen. Für viele, die hier bei uns stranden, kommt dann die bittere Erkenntnis: Leicht wird es nicht, und es wird viel Zeit und Geduld brauchen, bis ich in dieser neuen, fremden Heimat wirklich heimisch werden kann.

Auch das Volk Israel hatte, ohne es zu wissen, einen langen und beschwerlichen Weg durch die Wüste vor sich, bevor es das lang ersehnte Kanaan betreten durfte. Damals wie heute gilt: Hätten die verzweifelten Menschen geahnt, welche Strapazen auf sie zukommen würden, dann wären sie wohl niemals aufgebrochen:

Vierzig Jahre Wüste –
eine lange Zeit!
Viele, die sich
begeistern ließen,

mit wehenden Fahnen
aufgebrochen waren,
aufgebrochen,
ausgebrochen
aus der Sklaverei,
ausgesprochen mutig,
wild entschlossen,
voller Sehnsucht
nach Freiheit,
nach Gerechtigkeit,
nach Frieden
und einer Zukunft
sind gestorben
auf dem Weg,
ohne jemals Land
zu sehen.

Bei unseren Studienreisen durch Jordanien, Ägypten, Israel und Nevada habe ich immer wieder den einen Satz gehört: „Wenn die Wüste einem eines lehrt, dann ist es Geduld". Und die will gelernt sein. Die Erzählung von dem durch die Wüsten wandernden Gottesvolk ist geprägt durch eine „Schule der Geduld". Immer wieder taucht das „Murren" auf, allein im Buch Exodus insgesamt zehnmal, was man durchaus als symbolische Zahl deuten könnte, denn diese Zahl steht für das Andauernde, Bestehende (die zehn Gebote, zehn Finger etc.). Man könnte es auch anders sagen: „Die waren ständig am Meckern", wenn es nicht genug zu essen gab oder man den Eindruck hatte zu verdursten, oder man plötzlich der Meinung war, „dieser Gott hilft uns ja doch nicht". Wer will es den Menschen verdenken, dass sie mit der Zeit mürbe und ungeduldig wurden.

Apropos „meckern": Wir Deutschen sind ein „Volk von Murrern", wir haben ein Problem mit dem Glücklichsein und das, obwohl wir in einem der reichsten Länder dieser Welt leben. Beim Thema „Zufriedenheit" rangieren wir Deutschen ziemlich weit oben in der Ranking-Liste. Aber beim Thema „Glück" landen wir bei repräsentativen Umfragen regelmäßig auf Platz 15 bis 17. Man könnte auch sagen: Glück ist bei uns eher wetterabhängig. Mal ist es zu heiß, mal zu kalt, mal zu trocken oder mal zu nass, und selbst wenn alles stimmt: Dann zieht es garantiert irgendwo. Wir fahren die schicksten und besten Autos dieser Welt und hängen hinterm Lenkrad, als hätte man uns auf ein Nagelbrett gesetzt. Warum ist das so? Oder stimmt die Behauptung, wir seien eines der reichsten Länder der Welt, vielleicht gar nicht?

Es stimmt und es stimmt eben auch nicht – es gibt einfach zu viele Bürgerinnen und Bürger in Deutschland, bei denen dieser Reichtum nicht ankommt, die an der Armutsgrenze leben oder/und auf jeden Fall Monat für Monat aufs Geld schauen müssen. Die vielen Tafeln in unseren Städten, die Lebensmittel an Hartz-IV-Empfänger verteilen, ganz einfach, weil das zur Verfügung stehende Geld vielen Menschen nicht ausreicht, signalisieren vor allem eines: Es geht nicht gerecht zu in unserem Land. Gerechtigkeit jedoch ist eine Grundvoraussetzung für Frieden – dafür steht der alttestamentliche Begriff „Schalom".

SCHALOM, LIEBER FREUND

Schalom, lieber Freund, schalom, lieber Freund,
schalom, schalom, wie schön, dich zu sehn,
wie schön dich zu sehn. Schalom, schalom.

Wir sehnen uns nach Frieden
für uns und diese Welt,
weil ohne diesen Frieden
die Welt zerbricht, zerfällt.

Wir achten auf die Freiheit,
sie ist ein teures Gut,
ein Leben für die Freiheit
braucht manchmal unsern Mut.

Schalom chaverim, schalom chaverim,
schalom, schalom, lehitrahot, lehitrahot,
schalom, schalom.

Wir glauben an die Liebe
für uns und diese Welt,
denn es ist wohl die Liebe,
die uns zusammenhält.

Wir stehen beieinander,
wir sehn einander an
und wünschen uns den Frieden,
den Gott uns schenken kann.

Schalom, lieber Freund, schalom, lieber Freund,
schalom, schalom, bis bald, lieber Freund, bis bald,
lieber Freund. Schalom, schalom.

HEBRÄISCHES VOLKSLIED | VERSE: CLEMENS BITTLINGER

Auch wenn es an vielen Stellen in unserem Land nicht gerecht zugeht, auch wenn die Kluft zwischen denen, die viel haben, und denen, die wenig haben, immer größer zu werden scheint, behaupte ich trotzdem: Wir leben in einem der reichsten Länder dieser Welt und machen uns dabei oft gar nicht bewusst, wie gut es uns eigentlich geht.

Bei meinen Gesprächen als Bordseelsorger auf diversen Kreuzfahrtschiffen bin ich immer wieder erstaunt, wie wenig die Menschen, die sich an die exotischsten Orte dieser Welt schippern lassen, die eigene Heimat kennen und zu schätzen wissen.

Ich liebe die regionalen Unterschiede, die verschiedenen Dialekte und kulinarischen Spezialitäten zwischen Flensburg und Oberstdorf. Bei unseren zahlreichen Konzerttourneen quer durch die Republik tauchen wir oft ein in die Fülle von spezifischen Speisen, Düften und Getränken, die uns vor Ort kredenzt werden. Ich erlebe uns Deutsche als offen für andere. Wir sind bereit, Neues kennenzulernen. Gastfreundschaft auch dem Fremden gegenüber ist dabei ein hohes Gut. Seit über 70 Jahren leben wir in Frieden und Wohlstand. Die Gräuel der Nazityrannei, der Holocaust und die Folgen des zweiten Weltkriegs sind nach wie vor tief im Bewusstsein der meisten Menschen verankert. Das Recht auf Asyl fußt auf der Erfahrung, dass es auch in unserem Land eine Zeit gab, in der viele froh waren, als andere Länder ihnen Asyl gewährt haben. Damit wir die Verbindung auch zu diesem Teil unserer Vergangenheit nicht verlieren, habe ich mir auf die Melodie unserer Nationalhymne einen neuen ganz eigenen Reim gemacht:

DIESES LAND

Dieses Land, in dem ich lebe,
ist ein wundersamer Ort.
Es gibt wirklich hier Regionen,
da verstehe ich kein Wort,
wenn die Friesen Plattdeutsch reden
und der Schwabe schwäbisch schwätzt,
schätze, liebe ich doch jeden,
der nicht gegen andere hetzt

und mit seinem Tun und Reden
aufbaut, niemanden verletzt.

Dieses Land, in dem ich leben
möchte, ist dazu bereit,
jene Menschen aufzunehmen,
die gefloh'n sind aus dem Leid,
das in ihre Heimatstaaten
einfiel wie ein Alp-Orkan.
Auch wir wurden einst verraten
und verkauft im Naziwahn,
waren die, die damals baten
um Asyl in fremdem Land.

In dem Land, in dem ich wohne,
leben wir in Frieden nun
schon seit über 70 Jahren.
Darum lasst uns alles tun,
diesen Frieden zu bewahren
und auch denen zuzuhör'n,
die in immer größ'ren Scharen
wütend diesen Frieden stör'n.
Denn die Wut birgt mehr Gefahren,
wenn wir den Kontakt verlier'n.

Einigkeit und Recht und Freiheit
sind mit Sicherheit in Not,
wenn wir jene nicht ernst nehmen,
denen Altersarmut droht.
Doppeltes Gehalt für jene,
die in Pflegediensten steh'n,

„Grundeinkommen einem jeden"
würde irgendwie schon geh'n.
Mensch, es könnt' in unsrer Heimat
so viel Gutes noch entsteh'n.

TEXT: CLEMENS BITTLINGER | MUSIK: JOSEPH HAYDN

Nach einer Open-Air-Veranstaltung, bei der ich meinen Text auf die Melodie der Nationalhymne gesungen hatte, stand eine Mutter mit ihrem siebzehnjährigen Sohn vor mir und fragte mit bewegter Stimme: „Wie soll es weitergehen mit unserem Land? Mein Mann und ich, wir sind Juristen und engagieren uns seit vielen Jahren in der Flüchtlingshilfe, aber wir haben den Eindruck, es wird immer chaotischer. Die Verwaltungsgerichte kommen überhaupt nicht mehr dazu ihre eigentlichen Aufgaben wahrzunehmen, weil sie völlig überlastet sind mit den Asylanträgen und Einsprüchen von Flüchtlingen. Über 400.000 unbearbeitete Anträge – das ist einfach nicht zu schaffen und das ist nur ein Beispiel, an dem man sehen kann, dass unser System kollabiert. Die Schulen sind völlig überlastet, es gibt noch nicht mal annähernd genügend Fachkräfte. Die jungen Flüchtlinge verlassen wieder die Schulen, weil sie nicht betreut werden (können). Wir wünschen uns so sehr, dass auch unsere Kinder (der Sohn stand schweigend dabei) künftig in einem Deutschland leben können, wie wir es kennen und lieben!" Wenn wir als Christen gegen den zunehmenden Trend der Abschottung immer wieder und unermüdlich die Fahne der Nächstenliebe, Gastfreundschaft und Hilfsbereitschaft hochhalten, müssen wir unbedingt auch mit all jenen in Verbindung und im Gespräch bleiben, die unseren Apellen so nicht mehr folgen wollen und können. In einem Artikel der Zeit, schrieb der Journalist Bernd Ulrich: „Ja, die Mehrheit kann beschließen, rigoros abzuschieben oder sich abzuschotten. Sie kann aber keine Empathieverbote erteilen. Im Gegenteil, moralischer Schmerz müsste der Minimalkonsens sein, der diese Gesellschaft in der Flüchtlingspolitik eint!" (ZEIT Nr. 30, vom 19. Juli 2018, Politik S. 3) Die Frau, die mich so ansprach, war weit davon entfernt, eine Politik der rigorosen Abschottung zu befürworten, aber sie hatte Angst um die Zukunft unseres Landes und fühlte sich hilflos. Diese Angst um die Zukunft unseres Landes teile ich, aber nicht in erster Linie wegen den Flüchtlingen, sondern wegen denen, die die Politik unseres Landes gestalten sollten und die es z. B. über Jahrzehnte versäumt haben, handelnd anzuerkennen, dass Deutschland längst ein Einwanderungsland ist. Ich bin kein Politiker, aber als Bürger dieses Landes, als Liedermacher und als einer, der versucht, diesem Jesus von Nazareth in dieser Welt hinterher zu stolpern, werde ich nicht aufhören, all jene zu ermutigen, die bereit sind ihre Herzen und Häuser für die zu öffnen, die Unglaubliches auf sich genommen haben, um bei uns eine neue Heimat zu finden.

„Wer auch nur ein einziges Leben rettet, rettet die ganze Welt" - diesen Talmudspruch ließen die Überlebenden Juden in den Ring eingravieren, den sie Oskar Schindler als Geschenk überreichten. Ein Ring gefertigt aus echtem Zahngold war Anfang Mai 1945 das einzige, was sie an Wertvollem aufbringen konnten, um diesem engagierten Industriellen für ihre Rettung zu danken.

Schaut man nach Syrien, kann und muss man in den letzten Jahren mit ansehen, wie ein zermürbender Krieg ein Land äußerlich und innerlich komplett zerstören kann. In mancherlei Hinsicht erinnert dieser Krieg, bei dem die Koalitionen, Konfliktparteien und Ziele völlig wirr ineinander verwickelt zu sein scheinen, an die zweite Hälfte des Dreißigjährigen Krieges, wo am Ende jeder gegen jeden zu kämpfen schien. Erst in einem mühsamen, fünfjährigen Ringen, bei dem der Versuch unternommen wurde, alle beteiligten Parteien an einen Tisch zu bekommen, konnte 1648 der Westfälische Frieden geschlossen werden. Solch einen ähnlichen Friedensschluss bräuchte der Nahe Osten, einen Friedensvertrag, in dem alle Kriegsparteien zu Wort und zu ihrem Recht kommen, denn Gerechtigkeit ist die Voraussetzung für echten Frieden. Der Dreißigjährige Krieg (1618 – 1648) hat das Heilige Römische Reich Deutscher Nation traumatisiert und zugrunde gerichtet. Eine ganze Generation von Deutschen kannte nichts anderes als Krieg. Solch einen Krieg im Herzen Europas hatte es bis dato nicht gegeben. Ein Krieg, in dem, ausgehend von Prag (Prager Fenstersturz), sich ein unglaublich brutaler Flächenbrand über unsere Region ausbreitete, an dem das gesamte Heilige Römische Reich Deutscher Nation (inklusive dem heutigen Österreich), Dänemark, Schweden und später noch Frankreich und Spanien beteiligt waren, alle mit ihren eigenen Interessen. Bei Abschluss des Westfälischen Friedens waren sich alle einig: „Solch einen Krieg darf es nie wieder geben". Knapp 300 Jahre später gab es den Ersten und den Zweiten Weltkrieg, und auch nach deren Beendigung wurde in der deutschen Verfassung verankert: „Von deutschem Boden darf nie wieder ein Krieg ausgehen!"

Je mehr die Erinnerung an die Gräuel eines Krieges verblasst, desto mehr besteht die Gefahr, dass die verheerenden Auswirkungen, die ein Krieg hat und haben kann, verharmlost werden. Fassungslos folge ich den verbalen Scharmützeln zwischen dem nordkoreanischen Diktator und dem amerikanischen Präsidenten, die sich mal verdeckt, mal offen gegenseitig mit einem Atomkrieg drohen. Kein Staatsmann der Welt hat das Recht, das Leben und das Glück von Millionen von Menschen verbal und schon gar nicht real aufs Spiel zu setzen. In der Fußgängerzone der Stadt Leipzig steht die Bronzeskulptur „Unzeitgemäße Zeitgenossen", auf der u. a. ein Zitat des deutschen Dramatikers Rolf Hochhuth steht: „Selbstverständlich darf man einem Prinzip ein Leben opfern, doch nur das eigene!"

UNERHÖRT

Unerhört sind die Gebete
von Millionen Christen in Syrien, im Iran und im Irak geblieben.
Die Gebete um Freiheit, Frieden und Gerechtigkeit,
sie wurden nicht erhört.

Unerhört sind auch die Gebete
von Millionen Moslems geblieben,
ihre Gebete um Freiheit, Frieden und Gerechtigkeit,
sie wurden nicht erhört.

Der Krieg des sogenannten „islamischen Staates"
ist und war ja vor allem ein Bruderkrieg innerhalb des Islam:
Sunniten bekämpfen Schiiten bis aufs Messer,
und das seit dem siebten Jahrhundert,
weil der Prophet Mohammed es versäumt hat,
seine Nachfolge zu regeln.

Umso unverständlicher ist für mich,
dass sich in unserem Land so eine Art Islamfeindlichkeit breit macht.
Die überwiegende Mehrheit der Muslime in Deutschland
ist heilfroh, in einem Land zu leben,
in dem Freiheit, Frieden und Gerechtigkeit herrschen
und das, obwohl die Menschen hier es verlernt haben zu beten.
Noch nicht einmal ein „Danke" kommt über unsere Lippen.

TEXT: CLEMENS BITTLINGER

Übung: Welche Inhalte müssten in einem Lied über meine deutsche Heimat vorkommen? Diese Übung habe ich gemacht und hier (mit einem weiteren, vierten Vers) sowie auf der CD veröffentlicht. Ich kann diese Übung auch ohne Reim, einfach mal so, machen und aufschreiben: Was gefällt mir an meiner Heimat? Und was gefällt mir nicht? Und dann kann ich beginnen, per Internet und auf gezielten Reisen meine Heimat mit all ihren Dialekten und kulinarischen Vorzüglichkeiten zu erkunden.

Diese schöne Traurigkeit

Im Deutschen gibt es den Begriff „Melancholie" und im Spanischen die „schöne Traurigkeit" (el cante hondo), die in vielen Texten und Musikstücken zum Ausdruck kommt. Das und die Tatsache, dass es mir manchmal schwerfällt, einfach glücklich zu sein, hat mich zu diesem kleinen Gebet inspiriert ....

DIESE SCHÖNE TRAURIGKEIT

Diese schöne Traurigkeit,
die in manchem Lied erklingt,
das zu vorgerückter Zeit
so ein Cello zärtlich singt,
sie lässt mich an diesen Tagen,
wenn ich grundlos traurig bin,
nach dem Grund von allem fragen,
und nachspüren deinem Sinn.

Diese schöne Traurigkeit
habe ich auch schon erkannt,
wenn in der Vergangenheit
ich vor manchem Bildnis stand,
irgendjemand fand die Farben,
fand den Pinsel und den Strich

für lohnende Lebensnarben,
Freudentränen im Gesicht.

Diese schöne Traurigkeit,
die in manchem Glas erglüht,
sie erinnert an die Zeit,
in der einst alles erblüht,
ach, die vielen schönen Tage,
wo sie wohl geblieben sind,
die Antwort auf die Frage
„is blowing in the wind."

Diese schöne Traurigkeit
lege ich in deine Hand,
denn dein Herz ist sanft und weit
und nichts dir unbekannt,
du freust dich an meinem Lachen,
du teilst mit mir das Leid,
du verstehst selbst solche Sachen
wie die schöne Traurigkeit.

TEXT UND MUSIK: CLEMENS BITTLINGER

Warum schaust du so ernst?

Warum schaust du so, Ernst? Fragst du mich, und ich schaue mich um: Ich sehe niemanden, keinen Mike, keinen Malte und auch keinen Ernst. Wen meinst du also mit „Ernst" oder anders gefragt, wenn du „Ernst" meinst und denkst, dass ich „ernst" schaue, also nachdenklich, verdrossen oder skeptisch. Wie würde ich schauen, wenn du mich gefragt hättest: „Warum schaust du so, Clemens?" – Wie ist das „clemens"? Nun, „clemens" ist zunächst einmal lateinisch und heißt „mild" oder besser „der Milde", dann hätte ich dich wohl zärtlich, sanft und liebevoll betrachtet. Was macht es mit dir, wenn ich dich „clemens" oder „clementisch" betrachte? Löst es vielleicht Unbehagen in dir aus, denkst du vielleicht, „er blickt mild auf mich herab", oder gar „er bemitleidet mich"?

Ich schaue oft ernst, also nachdenklich, vielleicht ein bisschen traurig manchmal. Hätten meine Eltern das geahnt, hätten sie mich vielleicht „Ernst" genannt, aber nein, ich heiße Clemens, und ich würde gern mehr wie Clemens schauen, ja vielleicht ist das die Herausforderung meines Lebens: „Lerne zu schauen, zu denken wie Clemens – weg von Ernst!".

Und wie sieht es mit den anderen Namen aus: „Schau nicht so Max!", also ohne Komma, „Max" als Zustand, als Gemütsregung, welchen Gesichtsausdruck, welchen Blick ruft „Max" hervor – keck vielleicht, ein wenig durchtrieben, vielleicht ist unser Blick auch getrübt durch „Max und Moritz". Wenn ja, was ist mit „Moritz", kann Max ohne Moritz und kann Moritz ohne Max? Sind Max und Moritz vielleicht ohne einander ganz anders, brauchen sie einander, regen und stiften sie einander gar zu allerlei Unfug an? Ich kenne verschiedene Maxe, alles aufgeweckte Kerlchen. Ich stelle mich vor den Spiegel und schaue „Max".

Schau nicht so Susanne, wie schaue ich „Susanne"? Kann ich auch als Mann „Susanne" schauen, lerne ich gar wie Susanne zu schauen, wenn ich eine Susanne im Blick habe, sie mir vorstelle und gewissermaßen nachahme?

Noch schwieriger wird, wenn du sagst: „Schau nicht so …!" – Ja, wie schaue ich denn, wenn ich noch nicht mal ernst schaue?

Dass es gut ist, Traurigkeit zuzulassen, auch wenn es keine „schöne Traurigkeit" ist, lehrt uns auch das Jesus-Wort aus den Seligpreisungen: „Zutiefst glücklich sind, die Leid tragen, denn sie sollen getröstet werden."

Darin steckt die tiefe Erkenntnis, dass ich nur dann, wenn ich die Trauer zulasse, auch getröstet werden kann. Das ist mitunter nicht einfach, deshalb hat sich in der klinischen Seelsorge auch der Begriff „Trauerarbeit" etabliert. Es kann richtig schwer sein und weh tun, wenn ich meine Tränen zulasse und wenn ich meiner inneren Verzweiflung, Angst und Trauer Raum gebe, aber es ist wichtig, heilsam und notwendig, dass ich mir Zeit nehme um zu trauern. Der früher als Fernsehpfarrer bekannte Seelsorger Jürgen Fliege hat nach dem Tod seines Vaters viele Stunden damit verbracht, sich zuhause von seinem toten Vater zu verabschieden, bevor er seine Aussegnung zuließ. Ich weiß nicht, wie er das im Einzelnen gemacht hat, aber ich stelle mir vor, dass er seinem Vater noch viel zu sagen hatte und er einfach Zeit brauchte, ihn endgültig freizugeben.

Das weinende Kind, das unter Tränen seinen Kopf im Schoß der Mutter verbirgt, zeigt ihr, dass es getröstet werden möchte, dass es Zuspruch und Ermutigung braucht. Und die Mutter tröstet das Kind, sie nimmt Anteil, streichelt ihm über den Kopf und sagt liebe Worte, die einen hoffnungsvollen Ausblick auf die Zukunft eröffnen. Und wenn wir miteinander weinen und den Tod eines geliebten Menschen betrauern, dann ist es gut, wenn wir auch nach der Beerdigung noch zusammensitzen, miteinander essen und trinken und uns gegenseitig die schönen Momente, Begegnungen und Gespräche in Erinnerung rufen und so die Verstorbene (Gender) gewissermaßen in unsere Mitte holen. Und wenn dann auch so manche lustige und komische Anekdote „auf den Tisch" kommt, dann ist sie auf einmal da, „diese schöne Traurigkeit".

Alles gut?

Wir haben uns angewöhnt, auf die Frage: „Wie geht es dir?" mit „Alles gut!" zu antworten, oft auch deshalb, weil wir keine Zeit und Lust haben zu überlegen, wie es uns wirklich geht, und auch weil wir wissen, dass das die andere (Gender) nicht wirklich interessiert. Wir sind in diesem Moment nicht „connected", aber das muss man ja auch nicht permanent sein. Ich signalisiere ab und zu ganz gerne: Kein Anschluss unter dieser Nummer. Es gibt ja Menschen, die treiben es auf die Spitze, denen kannst du noch nicht mal „Guten Morgen" wünschen, denn sie fragen dann zurück: „Wie meinst du das? Meinst du das ernst, wünschst du mir wirklich einen guten Morgen? Und wie soll der aussehen, dieser gute Morgen, so mies wie mein Tag schon begonnen hat."

ALLES GUT

„Alles gut." Sagen plötzlich alle
und jeder tut, als wäre wirklich alles,
wirklich alles gut.

Ich treff' dich auf der Straße,
mitten im Gewirr,
hab lang dich nicht gesehen:
„Mensch, sag, wie geht es dir?"
Ich stelle diese Frage
und hab doch nicht die Zeit,
dir gründlich zuzuhören.
Es tut mir wirklich leid!

Du stehst nun schon seit Wochen
unter Dauerstress,
dein Kopf ist rot geschwollen,
du holst den letzten Rest
an Kraft und guter Laune

aus dem Reservetank,
doch jeder kann es sehen,
dies Leben macht dich krank.

Ich habe schlecht geschlafen
und gähne immerzu,
mein Gedankenkarussell
kam einfach nicht zur Ruh.
Mein Gesicht im Spiegel
erinnert mich daran,
dass ich den Rest des Tages
mich nun entfalten kann.

„Alles gut." Sagen plötzlich alle
und jeder tut, als wäre wirklich alles,
wirklich alles gut. Doch scheinbar tut
es gut uns allen, wenn man so tut, als wäre
wirklich alles gut.

TEXT UND MUSIK: CLEMENS BITTLINGER

GUTE AUSSICHT

Gute Weitsicht heut.
Man sieht ganz deutlich
mit dem bloßen Auge –
das Brett vor dem Kopf.

Der wundersame Dreiklang

Als ich zwölf Jahre alt war, haben wir als Familie ein Jahr lang in dem US-amerikanischen Bundestaat Minnesota gelebt. Mein Vater hatte damals eine Gastprofessur an der St. Johns University of Minnesota. In dieser Zeit haben wir Kinder einen wunderbaren kulinarisch-sportlichen Dreiklang entdeckt: Es begann mit der Ernährung – ich sage nur „Savoy" – was für ein schönes Wort, aber es bedeutet nichts anderes als: Wirsing. Wirsing ist ein echtes Wundergemüse – es wächst praktisch das ganze Jahr, lässt sich gut lagern und unglaublich variabel verarbeiten. Es gibt Frühjahrs-, Sommer- und Herbstwirsing, man kann ihn bestens verarbeiten zu Kohlrouladen, Salat, Gemüseteller und Nudelauflauf. Im „Pot au feu" dient er der Schweizer Armee als Grundnahrungsmittel. Mit 100 Gramm rohem Wirsing können Sie Ihren Tagesbedarf an Vitamin C komplett abdecken, Wirsing enthält die sogenannten Senfölglycoside und wirkt vorbeugend gegen Geschwüre und Mundgeruch. Wirsing wird völlig unterschätzt, ein wahres Wundergemüse.

Und dann, neben der Ernährung, natürlich: Sport. Minnesota ist der Bundesstaat der tausend Seen, im Sommer waren wir als Kinder entweder schwimmend oder im Kanu fahrend unterwegs. Ich war damals ein kompletter Indianerfan, und in Minnesota lebten und leben bis heute die Ojibwa-Indianer, die sich u. a. darauf spezialisiert hatten, aus Birkenrinde ultraleichte und wendige Kanus zu bauen. Kanufahren ist ein eleganter Sport auf Seen und Flüssen, man ist meist zu zweit unterwegs, übt sich in Achtsamkeit, findet einen gemeinsamen Rhythmus, kommt zur Ruhe, kommt ins Gespräch. Etwa zwanzig Jahre später entdeckte ich diese Liebe zum Kanufahren bei unseren Norwegenfreizeiten wieder. Mit jeweils ca. 60 Jugendlichen fuhren wir im Sommer für einige Jahre regelmäßig nach Norwegen. Kongshaug hieß der

Ort, unterhalb von Bergen gelegen, wo wir nicht nur genügend Betten und Zimmer und eine Turnhalle zur freien Verfügung hatten, sondern auch acht Kanus, denn das Freizeitheim lag direkt an einem Fjord. Immer wieder kam es vor, dass mich junge Paare fragten, ob ich nicht ihre Trauung übernehmen könnte. Ich habe dann diese Paare eingeladen, mit auf unsere Norwegenfreizeit zu kommen. Dort führte ich mit jedem der beiden zunächst ein separates Traugespräch, indem ich mit ihm oder ihr in einem Kanu hinaus auf den Fjord fuhr und jeweils sehr individuell die Frage stellte: Warum möchtest du heiraten? Was fasziniert dich am anderen? Das waren immer gute, tiefgehende und klärende Gespräche. Einmal riet ich einem Paar, sich für ein Jahr zu trennen, denn ich hatte den Eindruck, dass da zu viel Druck und Erwartungen von Seiten der Eltern auf diesem Paar lasteten. „Ihr müsst Euch erst mal wieder richtig ineinander verlieben, völlig unabhängig von den Erwartungen, die von außen an Euch herangetragen werden!" Bleibe in Verbindung und entdecke die andere, dein Gegenüber, ganz neu, war die Devise. Die beiden haben das tatsächlich umgesetzt, und ein Jahr später gab es eine rauschende Hochzeit.

Apropos Kanufahren: *Man erzählt sich die Geschichte von den drei Geistlichen, einem Lutheraner, einem Freikirchler und einem Katholiken, die ganz im Zeichen gelebter Ökumene in einem Viererkanu (Dreierkanu gibt es nicht!) zu einem Männerausflug unterwegs waren. Für jeden gab es zwei Fläschchen Bier und eine leckere Brotzeit – die Stimmung war hervorragend, aber sehr schnell war das Bier alle. Es war klar: Einer musste los, Nachschub holen. Man ließ das Los entscheiden und es fiel auf den Freikirchler. Der stieg kurzerhand aus dem Kanu, lief über das Wasser und kam nach wenigen Minuten zurück. Doch auch dieser Nachschub reichte nicht lange, wieder warf man das Los, und diesmal fiel es auf den Lutheraner, der schaute über Bord, orientierte sich kurz und lief dann ebenfalls über das Wasser, um für Nachschub zu sorgen. Die Männer waren offensichtlich durstig, und so kam auch der*

Katholik an die Reihe, stieg ebenfalls aus dem Boot, marschierte über das Wasser und sorgte für neues Bier. Als er zurückkam, feixte der Freikirchler: „Damit kann man die Leute ganz schön beeindrucken, wenn man so einfach wie Jesus übers Wasser geht!" „Ja", pflichtete ihm der Lutheraner bei, „man muss ja nur wissen, wo die Steine liegen." Daraufhin fragte der Katholik zurück: „Welche Steine?"

Also zurück zum wundersamen Dreiklang: Savoy alias Wirsing als Wundergemüse und Allround-Nahrungsmittel, kombiniert mit Outdoor-Sport, im Sommer Kanufahren – und im Winter? Nun, im US-Bundesstaat der tausend Seen gab es im Winter im Wesentlichen drei Outdoor-Aktivitäten: Snowmobil fahren, Schlittschuh laufen und Eishockey spielen. Das war klasse, man vergaß komplett die Zeit. Manche hatten richtig schicke Eishockeyschläger, andere hatten einen Holzprügel aus dem Wald, der so ähnlich aussah wie ein Hockeyschläger, und wieder andere hatten noch nicht mal Schlittschuhe an. Es war egal, wir hatten Spaß und prügelten den Puck über das Eis.

Eishockey ist eigentlich ein ziemlich brutaler Sport, und Eishockeyspieler sind mitunter nicht die hellsten Kerzen auf der Torte. Die Tatsache, dass Ende des neunzehnten Jahrhunderts zwar eine Hodenschutzpflicht für Eishockeyspieler eingeführt wurde, man aber erst in der zweiten Hälfte des zwanzigsten Jahrhunderts eine Helmpflicht einführte, spricht Bände.

Die Braut eines Eishockeyspielers isst für ihr Leben gerne Fisch. Eines Tages sieht sie im Fernsehen einen Bericht über das sogenannte Eisfischen. Im Winter gehen die Sport- und Hobbyangler Kanadas hinaus auf die großen Seen, sägen ein Loch ins Eis und halten ihre Angeln samt Köder hinein. De Fische sind in der Regel so ausgehungert, dass sie nach allem schnappen, was irgendwie nach Nahrung aussieht. Die junge Frau denkt: „Das mache ich auch", sie schnappt sich eine Eis-Säge, Eimer, Schemel, Angel und Köder und zieht hinaus aufs Eis. Nachdem sie ein schönes Loch in das Eis gebohrt hat, wirft sie den Köder an der Angel ins

Wasser, setzt sich auf den Schemel und wartet ab. Plötzlich hört sie eine Stimme von oben: „Hier gibt's keine Fische!" Verwundert steht sie auf, schaut sich um, aber sie kann nichts entdecken, also angelt sie seelenruhig weiter. Zwei Minuten später hört sie wieder diese Stimme: „Hier gibt's keine Fische!" Nun wird ihr aber doch ein wenig mulmig. Sie steht auf, läuft einmal um das Eisloch herum, späht nach allen Richtungen, aber sie kann beim besten Willen nichts entdecken. Sie setzt sich wieder hin und versucht weiter zu angeln. Da ertönt die Stimme nochmal, nun etwas eindringlicher: „Hier gibt's keine Fische!" Die Frau springt auf und ruft in die Nacht: „Bist du das, Gott?" Daraufhin antwortet die Stimme: „Nein, hier ist der Sprecher des Eisstadions, hier gibt's keine Fische!" Soviel zum Thema „Eishockey".

Erst viele Jahre später sollte sich der wundersame Dreiklang, bestehend aus Savoy, sprich Wirsing, Eishockey und Kanufahren als wirklich nützlich erweisen. Nach einer Party geriet ich mit meinem PKW in eine Polizeikontrolle. Ich ließ die Scheibe herunter und strahlte den Polizisten an und hörte mich die Worte sagen: „Eis(h) okay, Kann (nu) fahr'n, Wirsing!"

Keine Verbindung

Es gibt Menschen, die nicht erwachsen werden wollen, von denen man den Eindruck hat, sie sind nicht „connected". Sie haben eine sehr eigene Selbstwahrnehmung, und man schüttelt eigentlich nur noch den Kopf, wenn sie agieren. Bekannte Namen wie Donald Trump, Kim Jong-Un, aber auch Silvio Berlusconi oder Boris Becker, sie zimmern sich ihre Welt, so wie es ihnen passt, und übergehen die Realitäten, die sie umgeben, mit einer naiven Chuzpe, dass man nur staunen kann: Sei es, dass der nordkoreanische Diktator seine Muskeln spielen lässt und die Welt mit seinen Raketentests nervt und provoziert und dabei ein absurdes Dauerlächeln in der unteren Gesichtshälfte trägt (denn die Augen lächeln nicht, die Augen zeigen immer die Wahrheit). Er ist ein Mann, der jeglichen Bezug zu seinem eigenen, oft hungernden Volk verloren zu haben scheint, der sich scheinbar für einen Gott hält, und der doch irgendwann merkt, dass ihn die Sanktionen aus dem Ausland an den Verhandlungstisch zwingen. Sei es ein amerikanischer Präsident, der öffentlich sagt, er könne/dürfe jeder Frau in den Schritt fassen, der bei einer Veranstaltung sich lustig macht über Behinderte und vor laufenden Kameras einen Spastiker imitiert, und der trotzdem von der Mehrheit der ansonsten immer so „politisch korrekten" US-Bevölkerung gewählt wird. Wie desolat und verzweifelt muss ein Volk sein, das so einen Mann als obersten Repräsentanten wählt. Nicht „connected": Gefühlt im Minuten-Takt verlassen die Berater und engsten Vertrauten dieses „Superbabys" entsetzt dessen „America-first-Dampfer" oder sie werden (per Twitter) gefeuert, weil sie dem Baby nicht huldigen und den Schnuller verweigerten. Man kann nur erahnen, wofür sich dieser Mann hält, der einen hart umkämpften und errungenen G7-Beschluss mal eben vom Flieger aus und per Twitter aufkündigt – in gar keiner Weise verbunden mit denen, die mit ihm zuvor tagelang zusammengesessen und verhandelt haben. Dass ein Silvio Berlusconi sich für einen Wiedergänger der römischen Kaiser hält, der Bunga-Bunga-Partys mit z. T. Minderjährigen veranstaltet und der als Regierungschef die Gesetze zum Teil so verändern lässt, dass er für seine Vergehen Straffreiheit erhält, ließ einen doch sehr verwundert ins geliebte Italien schauen. Dieser Mann hat Macht, er besitzt die größten und erfolgreichsten TV-Stationen, ist Milliardär und strahlt vor allem eines aus: Ich kriege alles, was ich will, und ihr könnt mich alle mal. Dass ein Boris Becker in diesem Spiel der „Großen" gerne mithalten möchte und sich für etwas ganz Besonderes hält, dem wird leider viel zu viel Beachtung in der Öffentlichkeit geschenkt. Glaubt dieser Mann tatsächlich, dass er sich, nur weil er von der Zentralafrikanischen

Republik als Repräsentant für Sport eine Art Diplomatenstatus erhalten hat, dem Zugriff der britischen Justiz entziehen kann? Seine Aussage, an den Bankrottvorwürfen sei nichts dran, konterkariert er doch damit. „Ich mach mir die Welt, widde widde wie sie mir gefällt", singt Pippi Langstrumpf, doch sie ist ein Kind.

Aber diese Realitätsferne, dieses Nicht-„connected"-Sein finden wir natürlich auch in unserem ganz normalen Alltag, z. B. in unserem Verhalten beim Autofahren: Manche von uns rasten da regelrecht aus, da wird rücksichtslos gedrängelt, die Lichthupe getätigt und dem anderen der Vogel gezeigt, nur weil dieser oder diese es gewagt hat, nicht gleich die Spur zu wechseln und den Drängler vorbei zu lassen. Ich habe den Eindruck, die Straße, und hier vor allem die Autobahn, ist so die letzte öffentliche Plattform, auf der man noch protzen und zeigen kann, wie „cool" oder wie reich man ist. Das aggressive Fahrverhalten mancher Zeitgenossen und die Überhandnahme von SUVs und viel zu großen und breiten PKW sind nur Indizien dafür, wie sehr manche Zeitgenossen den Kontakt zur Realität, die sie nun mal umgibt, scheinbar völlig verloren haben.

Nicht „connected", darauf treffe ich im wortwörtlichen Sinne, wenn ich versuche, über eine Service-Hotline ein Problem zu lösen. Das kann oft Stunden dauern, bis man tatsächlich einen real existierende/n Berater oder Beraterin an die Strippe bekommt, der oder die einem dann erklärt, dass sie nicht zuständig sei, aber sie könne mir die Hotline der zuständigen Servicestelle per SMS schicken, das koste auch nur einmalig 98 Cent. Ich lege auf und wähle entnervt die neue Nummer. Sofort meldet sich eine freundliche Frauenstimme, die mich fragt, ob ich einen neuen Anschluss benötige, dann möge ich doch die Taste 1 drücken, wenn ich Fragen zu meiner Rechnung hätte, möge ich doch die Taste 2 drücken, wenn ich Informationen zu dem neuen Superspartarif haben wolle, dann soll ich doch die Taste 3 drücken, wenn ich mit einem Service-Mitarbeiter verbunden werden wolle, dann solle ich doch die Taste 4 drücken. Ich drücke die Taste 4, und wieder meldet sich die freundliche Frauenstimme: „Zurzeit sind all unsere Leitungen belegt, die momentane Wartezeit beträgt 12 Minuten, nutzen Sie doch unsere Internetplattform, dort werden die häufigsten Fragen beantwortet." Ich warte 12 Minuten, ich warte 15 Minuten und muss mir dabei nerviges Musikgedudel anhören. Nach 20 Minuten sagt die freundliche Stimme: „Leider sind unsere Leitungen alle belegt, bitte rufen Sie zu einem späteren Zeitpunkt wieder an."

Apropos Berater und Beraterin, geht Ihnen das auch auf die Nerven, dieses ständige „gendergerechte Sprachverhalten"? Ich finde, nach dem man/frau mindestens die letzten fünf Jahrhunderte ausschließlich die männliche Anrede gebraucht hat, sollten wir in den nächsten fünf Jahrhunderten einfach ausschließlich die weibliche Anrede gebrauchen, das spart Zeit, und wir Männer werden akzeptieren, dass mit der Anrede (z. B. in einem Gottesdienst) „liebe Schwestern" natürlich auch die „Brüder" gemeint sind. Ich hätte nichts dagegen. Ich habe das mal bei einem Teil der Texte in diesem Buch ausprobiert und jeweils in Klammern mit (Gender) gekennzeichnet. Die Idee mancher, nun auch noch via Sternchen (*) ein mögliches drittes Geschlecht (sehr geehrte Vertreter*Innen) mit einzufügen, überfordert mich.

Wenn Nachbarn nicht „connected" sind, dann wird es schlimm, da sollte man wirklich, den eigenen Nerven und dem eigenen Seelenfrieden zuliebe, viel Zeit und Freundlichkeit investieren. Schon der alte Schiller wusste: „Es kann der Frömmste nicht in Frieden bleiben, wenn es dem bösen Nachbarn nicht gefällt." Wir haben das als Mieter selbst einmal erleben müssen, dass wir mitten in eine Feindschaft von zwei Nachbarn, die sich seit Jahren einander bis aufs Messer (oder besser gesagt: die Schaufel) bekämpften, hineingezogen wurden, ohne dass wir irgendetwas daran ändern konnten (außer wegziehen natürlich, und das haben wir dann auch bald gemacht). Damals ist der Text „Menschen quälen andere Menschen" entstanden, und hier daraus folgender Vers:

Menschen nerven ihre Nachbarn
und entwickeln Strategien,
wie sie die, die einmal nett war'n,
in ein Hassverhältnis zieh'n.
Rechtsanwälte schreiben Briefe,
nein, man schaut sich nicht mehr an,
und erstickt im eignen Miefe,
weil man sich nicht riechen kann.

Früher saßen wir alle um einen Tisch

Früher saßen wir alle um einen Tisch, schauten einander an und kamen ins Gespräch. Wir hoben das Glas, prosteten einander zu und es war auch mal still. Still, einfach nur still, kein Brummen, kein Bing, kein Summen, kein nerviger Handy-Klingelton.

Es gab Zeiten, da schoben die Mütter und Väter ihre Babys begeistert im Kinderwagen durch die heimische Flora und Fauna, immer dem Kleinen zugewandt, erzählend, plaudernd und scherzend. Und das Baby schaute, staunte und lernte.

Heute sieht man Mama und Papa den Kinderwagen mit der linken Hand wegschieben und mit der rechten Hand das Smartphone bedienen. Sie sind nicht mehr da für ihre Kleinen, sie scherzen und plaudern nicht mehr mit ihnen, und wenn sie sich melden, dann nerven sie, denn Mama und Papa sind scheinbar mit viel Wichtigerem beschäftigt als mit den unwiederbringlich kostbaren Momenten mit dem eigenen heranwachsenden Baby.

„Danke, dass Sie so zahlreich erschienen sind ..."

„Danke, dass Sie so zahlreich erschienen sind!" Immer wieder höre ich, wie Kollegen und Kolleginnen, Veranstalter und Veranstalterinnen das Publikum in einer meist gut gefüllten Kirche oder Halle mit diesem netten, aber unsinnigen Satz begrüßen: „Ich freue mich, dass Sie so zahlreich erschienen sind!" Versuchen Sie das mal, zahlreich zu erscheinen, da wünsche ich aber viel Glück. Ein einzelner Mensch kann nicht zahlreich erscheinen! Es sei denn, man hat die These von Richard Davids Prechts Bestseller, „Wer bin ich und wenn ja, wie viele?", in der Weise verinnerlicht, dass man jede und jeden als eine multiple Persönlichkeit ansieht und folglich auch so anspricht. Ansonsten gilt: Jeder und jede ist für sich „erschienen", es gab vorher keine konspirative oder kollektive Absprache oder Verabredung. Auch ist das Publikum nicht zahlreich erschienen, sondern so, wie es ist: ein Publikum. Gerade in der Kirche sagen wir manchmal Dinge, die im normalen Sprachgebrauch äußerst merkwürdig klingen und die mitunter geradezu entlarvend sind. Wenn zum Beispiel der Pfarrer von den „angeschlagenen Liedern" spricht, so verweist er damit auf die hölzernen Tafeln in der Kirche, auf denen für jeden Gottesdienst die Nummern angezeigt werden, unter denen die Lieder im Gesangbuch zu finden sind, die in dem jeweiligen Gottesdienst gesungen werden (sollen). Wenn wir im normalen Sprachgebrauch etwas als „angeschlagen" bezeichnen, dann meinen wir „nicht mehr voll funktionstüchtig" oder „kränkelnd", auf jeden Fall „nicht voll einsetz- und belastbar". Wenn ich nun diesen alltäglichen Sprachgebrauch auf die „angeschlagenen Lieder" übertrage, so werde ich feststellen, dass viele dieser Lieder tatsächlich „angeschlagen" sind: Die Musik ist nicht meine Musik, das Tempo ist nicht mein Tempo, und der Text ist zum

Teil so verquast und veraltet, dass ich stellenweise nur erahnen kann, was gemeint sein könnte. Auf jeden Fall verspüre ich wenig Lust, ein „angeschlagenes Lied" aufzuschlagen.

Dass wir und auch die Gemeinde oft nicht mehr den Sinn der alten liturgischen Texte kennen, zeigt sich mitunter an dem wechselseitigen Segensgruß (lateinisch: Salutatio): „Der Herr sei mit euch!", denn die Gemeinde antwortet regelmäßig: „Und mit seinem Geist!" Das ist Unsinn. Es muss heißen: „Und mit deinem Geist!" Der Liturg segnet die Gemeinde, und die Gemeinde grüßt segnend den Liturgen. *So wie jene Pfarrerin, die in einer anderen Gemeinde einen Gottesdienst zu halten hat. Bei der Begrüßung stellt sie fest, dass das Mikrofon kaputt ist. Während dem „Kyrie" und „Gloria" nestelt sie daran herum und versucht es zu reparieren. Es gelingt ihr nicht. Bei der „Salutatio" tritt sie neben das Mikrofon und ruft in die Gemeinde: „Es stimmt etwas nicht mit dem Mikrofon!" Die liturgisch geschulte Gemeinde antwortet: „Und mit deinem Geist!"*

Lustig ist auch, wenn es bei einer Hochzeit heißt: „Die Gemeinde bleibt stehen, bis das Brautpaar ausgezogen ist!" Natürlich traut sich niemand zu lachen, weil man ja weiß, dass damit der feierliche Auszug aus der Kirche gemeint ist, dem die Festgemeinde dann würdevoll folgt und endlich zum großen Gelage schreitet. Deshalb heißt es dann auch manchmal: „Die Gemeinde bleibt stehen, bis das Brautpaar und der Pfarrer ausgezogen sind!" Das macht es aber auch nicht besser.

Dass „kirchliche Outsider" den Sonntag „Quasimodo geniti" mit einem Gedenktag für den Glöckner von Notre Dame verwechseln und „Fronleichnam" mit „Happy Kadaver" übersetzen, daran haben wir uns ja längst gewöhnt. Dennoch freue ich mich immer, wenn ich unserer „Kirchenquarksprache" auf den Schlips treten kann. Schließlich zählen meine Veranstaltungen, zu denen das „kirchenferne" Publikum mitunter gerne „zahlreich erscheint", im kirchlichen Fachjargon zu den „niedrigschwelligen Angeboten für kirchlich Distanzierte".

Bleibe in Verbindung

Wie schon anfangs erwähnt, stammt der Satz: „You don't need to be perfect, but be connected!", übersetzt: „Du musst nicht perfekt sein, aber sei/bleibe verbunden (sei in Verbindung)", von dem amerikanischen Franziskanerpater Richard Rohr. In unserer Leistungsgesellschaft und besonders bei uns Deutschen erlebe ich den Hang zum Perfektionismus, doch gerade in Berufen, die viel mit Menschen zu tun haben oder die Teamarbeit erfordern, ist es mindestens genauso wichtig, „connected", in Verbindung zu sein, zu spüren, was gerade dran ist, wie es dem oder den anderen geht.

Tiere, und hier speziell Hunde, Pferde, aber auch Delphine, stehen oft in einer besseren oder anderen Verbindung zu uns als wir selbst. Eine Grundschullehrerin erzählte mir, dass sie seit vielen Jahren immer wieder mit einem sogenannten „Schulhund" arbeitet. Schulhunde sind speziell ausgebildete und trainierte Hunde, die einer Schulklasse und hier auch bestimmten Schülerinnen (Gender) helfen sollen, sich zu konzentrieren und effektiv mitzuarbeiten. Die Kinder lernen besser und sind rücksichtsvoller, auch untereinander, weil sie möchten, dass der Hund sich wohlfühlt, denn wenn er sich nicht wohlfühlt, bellt er oder zieht sich zurück. Ein Mädchen z. B., das Probleme damit hatte, vor der Klasse laut etwas vorzulesen, konnte immer dann gut und viel besser vorlesen, wenn sich der Hund neben sie stellte und sie eine Hand auf sein Fell legen konnte und so gewissermaßen dem Hund laut etwas vorlas. Auch im Fach Mathematik war die Klasse viel besser dabei, wenn das Tier die als hölzerne Knochen geformten Rechenaufgaben dem jeweiligen Kind an den Tisch brachte. Hunde und Menschen haben oft eine ganz tiefe, seltsame Verbindung, die Tiere können diabetische und epileptische Anfälle wittern, zu dem betroffenen Kind laufen und so frühzeitig ein Problem anzeigen und die Auswirkungen (z. B. bei einem epileptischen Anfall) mildern. In Edinburgh huldigt man einer Hundestatue, sie ist einem Hund namens Bobby gewidmet. Der kleine Kerl wurde, so die Legende, am 4. Mai 1855 geboren und sein stolzer Besitzer war der Edinburgher Polizist John Grey. Diesem war der kleine Terrier so verbunden, dass er nach dem Tod seines Herrchens treu an seinem Grab in Greyfriars Kirkyard gewacht und gelebt haben soll.

Eine Freundin bietet seit vielen Jahren tiergestützte Führungsseminare an, bei denen Manager, Lehrer, Pfarrer, kurzum alle, die mit Menschen und „Menschenführung" zu tun haben, speziell ausgebildete Pferde „an die Hand" bekommen und lernen müssen/dürfen, mit ihnen als Gegenüber zu agieren. Wenn jemand nicht „connected" ist, spüren und signalisieren die Tiere das sofort.

Ein Mann kam zu einer evangelischen Pfarrerin und bat sie, seinen Hund zu beerdigen. Brüsk wies die Pfarrerin dieses Ansinnen von sich: „Probieren Sie es doch mal fünfhundert Meter weiter, da residiert der katholische Kollege. Vielleicht ist der ja bereit, Ihren Hund zu beerdigen. Die Katholiken haben ja sogar einen Heiligen, den heiligen Ambrosius, der für Hunde und Katzen zuständig ist." Darauf erwiderte der Mann: „Na gut, dann werde ich es beim Priester probieren und die fünftausend Euro, die ich für die Beerdigung als Spende vorgesehen habe, dort investieren." Daraufhin rief die Pfarrerin: „Moment mal – Sie hatten nicht erwähnt, dass der Hund evangelisch ist!"

Empathie heißt das Zauberwort. Ganz viele Songtexte in diesem Buch sind davon geprägt, dass ich versuche, mich in die Situation eines anderen zu versetzen und die Dinge aus seiner bzw. ihrer Sicht zu sehen. In dem Text „Sieh' im Fremden das Vertraute" kommt das vielleicht am deutlichsten zum Ausdruck, denn da heißt es im letzten Vers: „Sieh' im Fremden den Bekannten, sieh' dich selbst in fremder Haut…". Darum geht es, auf den anderen wirklich einzugehen und nicht sofort zurückzuschrecken, wenn jemand uns fremd erscheint.

Bei dem Text „Könnte ich sein" lasse ich die vielen brutalen Bilder aus den Krisenregionen dieser Welt, die uns tagtäglich via Internet und TV frei Haus geliefert werden, theoretisch ziemlich nah an mich heran. Der Versuch, mir auch nur ansatzweise vorzustellen, wie es wäre, wenn ich selbst auf der Flucht oder obdachlos wäre, ist allerdings nur ein Versuch. Mich wirklich in solch eine Situation hineinversetzen, kann ich letztendlich nicht. Ich schaffe es ja noch nicht mal, bei einem Bettler in unseren Straßen stehenzubleiben oder mich gar neben ihn zu setzen und mich mit ihm zu unterhalten. „In Verbindung bleiben" hat oftmals auch etwas damit zu tun, dass ich über meinen eigenen Schatten springe und auf andere zugehe.

Bei dem Text „Ich stell' mir vor" versuche ich mich hineinzuversetzen in eine der unglaublichsten Geschichten in der Bibel: Die Opferung Isaaks. Seit vielen Jahren bin ich ein Freund der narrativen Theologie. Sie lebt davon, dass wir in die Rolle von biblischen Personen schlüpfen und uns in sie hineinversetzen. Als ein Vater, der selbst einen Sohn und eine Tochter hat, und als Sohn, der einen lieben Vater hat, ist diese Geschichte für mich absolut grenzwertig und eine echte Zumutung. Sie ist traumatisierend für den Vater, aber noch mehr für den Sohn. Es ist ja wie eine Scheinhinrichtung, eine gängige Foltermethode, um Menschen zu brechen.

Und schließlich noch das Lied „Er – sie – ich", hier versuche ich, die Situation eines transsexuellen Menschen zu erahnen. „Was soll so ein Randthema?", fragt sich vielleicht die eine oder der andere. Ich weiß nicht genau warum, aber mich beschäftigt der Lebensweg solcher Menschen, und es ist oft ein Leidensweg, weil viele es überhaupt nicht verstehen, oftmals selbst die Betroffenen nicht. Da wo manche „Fromme" reflexartig die Moralkeule herausholen und alles, was sie nicht verstehen, als abartig und sündhaft brandmarken, möchte ich genauer hinsehen und verstehen lernen. Ich glaube, das hätte auch Jesus getan.

Was für unser Berufsleben gilt, ist genauso bedeutend für unser Privatleben – wichtig ist, dass wir in Verbindung bleiben, verstehen und fühlen, wie es den Menschen, die wir lieben und mit denen wir zusammenleben, wirklich geht. Der oberflächliche Drang via sozialer Netzwerke mit möglichst vielen in Verbindung zu sein, bewirkt dabei oft das genaue Gegenteil.

BLEIBE IN VERBINDUNG

Bleibe in Verbindung,
sei ganz bei dir selbst,
es ist nicht so wichtig,
was man von dir hält.
Du musst nicht perfekt sein,
dem sei stets verbunden,
der dich liebt und tragen wird
durch die Lebensrunden.

Du hast dir viel auferlegt,
strengst dich ziemlich an.
Vieles, was du sorgsam pflegst,
hindert dich daran,
das zu leben, was du spürst,
einfach „Du" zu sein,

sieh, dies Leben, das du führst,
friert die Sehnsucht ein.

Oftmals bist du außer dir,
grundlos schlecht gelaunt,
stehst dann scheinbar neben dir
und bist selbst erstaunt,
dass du dich nicht freuen kannst
an dem, was du hast.
Atme, spüre ganz entspannt,
dass du nichts verpasst.

Bleibe in Verbindung,
sei ganz bei dir selbst,
es ist nicht so wichtig,
was man von dir hält.
Du musst nicht perfekt sein,
dem sei stets verbunden,
der dich liebt und tragen wird
durch die Lebensrunden.

Hältst Kontakt in alle Welt,
digital präsent,
weil es dir so gut gefällt,
wenn dich jeder kennt.
Doch verlier dich nicht darin,
sonst bleibst du allein.
Sei verbunden auch mit dem
Urgrund allen Seins.

TEXT: CLEMENS BITTLINGER | MUSIK: DAVID PLÜSS

DER LAUF DER DINGE

Stolz schob Herr K., der Angestellte einer örtlichen Bank,
einen Auszugsdruck- und Geldauszahlungsautomaten
vor einen der beiden Bankschalter.
„Ab heute hat nur noch eine Kasse geöffnet",
war an dem zweiten Kassenschalter zu lesen.
„Besser und symbolträchtiger können Sie es nicht zeigen:
Sie stellen vor den Kassenschalter, in dem bisher
Tag für Tag ein Angestellter dieser Bank
die Kunden bediente, einen Automaten – eine Maschine ...
die Maschine ersetzt den Menschen",
rief ein Kunde ihm ein wenig entrüstet zu.
Etwas unbeholfen mit den Achseln zuckend murmelte er:
„Das ist wohl der Lauf der Dinge ..."
Das ist nun schon einige Zeit her, und „der Lauf der Dinge"
mündet heute in hohe Kontoführungsgebühren
für all jene, die nicht bereit sind, auf Onlinebanking
umzusteigen und auf Auszugsausdrucker am Automaten
verzichten. Noch gibt es den einen Kassenschalter,
aber nur noch morgens von neun bis zwölf Uhr.
Digitalisierung heißt das Zauberwort:
Der Mensch schafft sich ab.
Was brauchen wir noch Arbeiter in den Fabriken,
wenn ein Roboter viel effektiver seinen Platz einnimmt?
Was brauchen wir Pflegekräfte, wenn Maschinen
uns genauso gut herumheben, umbetten, füttern und pflegen können?
Was brauchen wir Geschäfte, wenn wir alles
in voll automatisierten Onlineshops bestellen können ...?
„Stehst du noch in der Schlange oder scannst du schon?"
fragt uns der schwedische Möbeldiscounter

und ersetzt nach und nach die mit Menschen besetzten Kassen
durch Scannerautomaten – „Scan" wie „Scandinavia" eben.
Die schöne, neue, digitale Welt: Hologramme weisen uns
den Weg auf den Flughäfen, Roboter putzen das Haus und
mähen den Rasen. Kühlschränke bestellen eigenmächtig
den ermittelten Bedarf und befüllen sich wie im Schlaraffenland
von selbst. Von selbst fahren auch die Züge, die Flugzeuge
und die Autos – wir sind in der Hand von Maschinen,
und mit ihrer Hilfe führen wir auch Krieg.
Suchmaschinen durchkämmen das Internet,
nichts bleibt verborgen. Hast du jemals online nach einem Hut gesucht,
so wirst du die nächsten zehn Jahre,
wann immer du deinen Browser öffnest,
Angebote über Hüte bekommen: Partyhüte, Ausgeh-Hüte,
Batschkappen, Strohhüte, Zylinder, Chapeau-claque, Cowboyhüte,
Sombreros, Mützen, Schals und Handschuhe ...
„Das ist der Lauf der Dinge", hatte Herr K. gesagt und resigniert
mit den Achseln gezuckt.

Jesus war „connected"

Es war eine der herausragenden Eigenschaften des Jesus von Nazareth, dass er in Verbindung war mit den Menschen, denen er begegnete und die ihn um Hilfe baten. Sein Reden und Handeln, sein Weg im Namen der Liebe bis ans Kreuz von Golgatha und seine Auferstehung erzeugen bis heute eine ungeheure, weltweite Resonanz.

Jesus sah. Jesus sah die Menschen, denen er begegnete, an. Geradeso, als wollte er anknüpfen an die Erzählung aus 1. Samuel 16,7ff, wo es heißt: *„Der Mensch sieht, was vor Augen ist, Gott aber sieht das Herz* *eines Menschen an!"* Bei seinen Wanderungen durch Galiläa begegnete Jesus einem, wohl ziemlich wohlhabenden, jungen Mann, der vor ihm niederkniete und ihn fragte: *„Guter Meister, was muss ich tun, um das ewige Leben zu bekommen?"*, und Jesus gab ihm eine ziemlich schroffe Antwort: *„Was nennst du mich gut? Außer Gott ist niemand gut!"* – so ganz nach der Devise: „Versuche dich nicht bei mir einzuschmeicheln, diese Masche zieht bei mir nicht. Du brauchst mir keinen Honig um den Mund zu schmieren, wenn du mit mir in Kontakt trittst." Und nach dieser emotionalen Abfuhr antwortete er ihm sehr sachlich, fast bürokratisch: *„Du kennst die Gebote: ‚Du sollst nicht töten; du sollst nicht ehebrechen; du sollst nicht stehlen; du sollst nicht falsch Zeugnis reden; du sollst niemanden berauben; du sollst deinen Vater und deine Mutter ehren.'"* (Mk 10,19)

Da stellt jemand nun schon einmal so eine spannende Frage: Wie kann ich es erreichen, dass ich ewig lebe? Und bekommt nun von Jesus scheinbar so eine 08/15-Antwort, wie sie ihm jeder andere Rabbi auch hätte geben können. Doch der junge Mann lässt sich nicht irritieren und behauptet: *„Meister, das habe ich alles gehalten seit meiner Jugend"* (Mk 10,20). Und dann lesen wir: *„Und Jesus sah ihn an und gewann ihn lieb und sprach zu ihm: ‚Eines fehlt dir. Geh hin, verkaufe alles, was du hast, und gib's den Armen, so wirst du einen Schatz im Himmel haben, und komm, folge mir nach!' Er aber wurde betrübt über das Wort und ging traurig davon; denn er hatte viele Güter."* (Mk 10,21–22)

Dieser entlarvende und dennoch liebevolle Blick war einer der elementaren Wege, wie Jesus Verbindung zu den Menschen aufgenommen hat. Er konnte tiefer blicken und aus diesem Einblick Sätze formulieren, die das Gehabe und die Behauptungen anderer entlarvten. Es fällt ja auf, dass bei der Aufzählung der Gebote das erste Gebot fehlt, nämlich: *„Ich bin der Herr, dein Gott, du sollst keine anderen Götter haben neben mir."*

Die Behauptung des Reichen, er habe alle Gebote von Jugend an eingehalten, lässt Jesus gleich an diesem ersten Gebot krachend zerschellen, indem er zu ihm sagt: „Geh hin, verkaufe alles, was du hast und schenke es den Armen." Martin Luther hat einmal gesagt: „Woran du dein Herz hängst, das ist dein Gott!", diese Position war bei dem Jüngling offensichtlich durch seinen Reichtum besetzt.

Jesus berührte. Freunde und Verwandte brachten einen Blinden zu Jesus mit der Bitte, er möge ihn anrühren. Scheinbar eilte Jesus der Ruf voraus, dass er, wenn er Menschen berührte, diese heilen könne. Und Jesus berührt den Blinden, indem er ihn an die Hand nimmt und hinausführt vor das Dorf. Er führt ihn an einen Ort der Ruhe, abseits, weg von dem Trubel. Das heißt, die erste Berührung Jesu ist scheinbar noch keine heilsame Berührung. Wenn wir uns das für unsere Zeit heute bildlich vorstellen, ist es aber vielleicht doch eine erste heilsame Berührung, nämlich die, mit der uns jemand an die Hand nimmt und gewissermaßen anleitet, wie wir zur Ruhe kommen können. Jesus geht mit dem Kranken einen Weg in die Stille. Hand in Hand gehen sie und bleiben auf diese Weise in Verbindung. Wenn du einem blinden Menschen begegnest, dann gib ihm die Hand oder berühre ihn am Arm, so dass er dich lokalisieren und eine Verbindung zu dir aufbauen kann. Als der schwedische Bischof Martin Lönnebo die „Perlen des Glaubens" entwickelte, war ihm die „Perle der Stille" besonders wichtig. Für ihn war sie die Grundvoraussetzung für eine Begegnung mit Gott. Welche Chance soll die unaufdringliche und liebevolle Stimme Gottes in meinem Leben haben, wenn ich ihr nicht ganz bewusst Raum gebe und mich vom Trubel dieser Welt zurückziehe?

Erst dort „vor dem Dorf" kann Jesus ihn heilend berühren. *„Jesus spuckt in seine Augen"*, dann legt er ihm die Hände auf und fragt: *„Was siehst du?"* Das Besondere an dieser Begegnung ist, dass sie bis zu dem Zeitpunkt, an dem Jesus den Blinden befragt, gänzlich nonverbal geschieht. Es wird nicht geredet, sondern Jesus führt, spuckt und legt die Hände auf – er handelt, und er bricht sein Schweigen nur, um den Fortschritt der Heilung zu erfragen. Der Mann erklärt ihm, dass er zwar schon etwas sehen kann, aber eben verschwommen: *„Ich sehe Menschen umhergehen, als sähe ich Bäume."* Da berührt ihn Jesus zum zweiten Mal und legt ihm nochmals die Hände auf die Augen: *„Da sah er wieder deutlich und wurde wiederhergestellt und konnte alles scharf sehen."* (Mk 8, 22ff)

Dieses „Von-Jesus-angerührt-oder-berührt-Werden" hatte sicherlich auch etwas mit dem Segen, der von ihm ausging, zu tun. Auch Kinder wurden zu Jesus gebracht, damit er ihnen die Hände auflegte und sie segnete. Der Evangelist Markus erzählt uns eine Episode, wo die Erwachsenen ihre Kinder zu Jesus bringen wollten (Mk 10, 13ff), und die Jünger versuchten, wie Bodyguards ihren Meister abzuschirmen, so ganz nach dem Motto „Für so einen Kleinkram hat Jesus keine Zeit!" *„Die Jünger schimpften mit ihnen* (den Erwachsenen)", liest man da. Es ist schon erstaunlich, was sich Menschen, die sich mit Jesus vertraut fühlen, bis heute herausnehmen und in seinem Namen verkünden. Wir stehen manchmal in der Gefahr, genau das Gegenteil von dem zu predigen, was Jesus eigentlich will und gewollt hätte. Denn als Jesus mitbekam, wie seine engsten Vertrauten versuchten, die Eltern mit ihren Kindern abzuwimmeln, konnte er es kaum ertragen („äganaktäsen": Luther übersetzte es mit „er wurde unwillig", aber eigentlich ist „er konnte es kaum ertragen" die richtigere Übersetzung) und rief: *„Lasst die Kinder zu mir kommen und weist sie nicht zurück, denn ihnen gehört das Reich Gottes! Die Wahrheit ist: Wer nicht zurückfindet zu einer Ursprünglichkeit, wie Kinder sie haben, wird niemals erfahren, was es heißt, ein Kind Gottes zu sein"* (freie, sinngemäße Übertragung).

Kinder haben bis zu einem gewissen Alter noch dieses Urvertrauen. Sie verlassen sich unbedingt auf ihre Beziehung zu ihren Eltern. Dieses Urvertrauen, dieses sich absolut auf den Vater oder die Mutter

Verlassen können, nimmt Jesus als Vorbild für den Glauben: *„Wenn ihr nicht werdet wie die Kinder ...“*

WENN IHR NICHT WERDET WIE DIE KINDER ...

Wenn wir nicht werden
wie die Kinder
die sich freuen können
über Kleinigkeiten
über einen neuen Tag
über einen Regenbogen
über eine Tüte Eis
über eine gute Note
über ein lustiges Lied
über das Leben

Wenn wir nicht werden
wie die Kinder
die noch träumen können
von ihrem Traumberuf
von einer schönen Reise
von einem Geburtstagsfest
von schönen Geschenken
von einem besten Freund
von einem Haustier
und einem Kuscheltierberg

Wenn wir nicht werden
wie die Kinder
die noch weinen können

über ein wundes Knie
über eine schlechte Note
über einen gemachten Fehler
über ein kaputtes Spielzeug
über eine große Enttäuschung
über einen schlechten Traum

Wenn wir nicht werden
wie die Kinder
die noch glauben können
alles wird gut
ich bin nicht alleine
ich muss keine Angst haben
meine Eltern sind da
ich bin ein Wunschkind
und Gott begleitet mich

Wenn wir nicht werden wie die Kinder
entschwinden das Lachen, die Träume, die Tränen
wird kraft- und haltlos unser Glaube

TEXT: CLEMENS BITTLINGER

Und Jesus legte den Kindern die Hände auf und segnete sie. Durch diese Berührung trat er zum einen in Kontakt zu den Menschen, und indem er sie segnete, stellte er zum anderen auch den Kontakt zu Gott her. Bei vielen Gottesdiensten, die wir in den vergangenen Jahren feiern durften, haben wir immer wieder auch Einzelsegnungen angeboten. In einem freien Gestaltungsteil, meist nach der Predigt, konnte die Gemeinde nach vorne kommen, für sich beten lassen und per Handauflegung persönlich gesegnet werden. Ich empfand das immer als einen besonders schönen, intensiven, aber auch anstrengenden Moment, denn ich konnte mitunter förmlich spüren, wie durch die Handauflegung, das Gebet und den Segen bei dem oder der Gesegneten eine energetische Resonanz spürbar wurde.

Wenn Jesus also die Menschen berührte, stellte er eine besonders intensive Verbindung her.

Wie gesagt, Jesus war berühmt für die Fähigkeit, eine heilende Verbindung zwischen Gott und den Menschen herzustellen. *„Alle, die ihn berührten, wurden gesund."*

„Und als die Leute an diesem Ort ihn erkannten, schickten sie aus in das ganze Land ringsum und brachten alle Kranken zu ihm, und sie baten ihn, dass sie nur den Saum seines Gewandes berühren dürften. Und alle, die ihn berührten, wurden gesund" (Mt 14,35).

Als bei seiner Gefangennahme (Lk 22,50ff) im Garten Gethsemane einer seiner Jünger spontan zum Schwert griff und einem der Soldaten ein Ohr abtrennte, rief Jesus: *„Stopp!"*, und er streckte seine Hand aus und heilte das Ohr. Direkt von seiner Berührung ging die Heilung aus. Jesus setzte damit um, was er zuvor gepredigt hatte: *„Segnet, die euch verfluchen, tut Gutes denen, die euch hassen ..."* (Mt 5,44).

Jesus wurde berührt und ließ sich berühren. Was war das für ein Glaube, mit dem Jairus, der Vorsteher einer Synagoge, an Jesus herantrat, ihm zu Füßen fiel und rief: „Herr, meine Tochter ist todkrank, sie liegt in den letzten Zügen, bitte komm' und lege ihr die Hände auf, damit sie gesund werden kann und leben!"? Aus diesem Glauben spricht die blanke Verzweiflung. Ein Vater, dessen Kind im Sterben liegt – dafür sind wir Eltern nicht gewappnet, kein Vater, keine Mutter sollte ihr eigenes Kind beerdigen müssen und deshalb werden liebende Eltern immer und überall alles tun, um ihre Kinder zu retten, ihnen zu helfen und dafür zu sorgen, dass es ihnen gut geht. Aus dieser

Elternliebe entspringt der Glaube des Jairus, er glaubt an Jesus als einen Heiland, als einen Wunderarzt, er ist für ihn die letzte Rettung. Mit Sicherheit hat er als Vorsteher der örtlichen Synagoge Jesus nicht für den erwarteten Messias, den Sohn Gottes, gehalten, Er wusste nur, wo dieser Jesus auftaucht und wo er Menschen die Hand auflegt, geschieht Heilung: Gott wirkt durch diesen Prediger aus Nazareth. Das war der Glaube des Jairus, eines frommen und gelehrten Juden.

Und Jesus geht mit ihm, bahnt sich gemeinsam mit seinen Jüngern einen Weg durch das Gedränge der Stadt. Und mittendrin auf dem Weg zu diesem dringenden Notfall bleibt Jesus plötzlich wie angewurzelt stehen, schaut sich um, schaut seine Jünger an und sagt: *„Jemand hat mich berührt!"* Die Jünger schauen ihn ein wenig ratlos an: *„Natürlich hat dich jemand berührt, wir bahnen uns gerade den Weg durch die Menschenmenge, da lässt es sich nicht vermeiden, dass du berührt wirst, das ist in etwa so, wie wenn du durch einen Fluss watest und plötzlich anhältst und rufst – ich spüre Wasser!"* Aber Jesus meinte mit „berühren" etwas anderes, er hatte gespürt, dass von seinem Körper ein Kraftstoß ausgegangen war, und er konnte sich nicht erklären, wie das möglich war.

Nun, in dieser Menge war eine Frau, die unter der Blutflusskrankheit litt. Das war unter den hygienischen Umständen der Antike ein riesiges Problem. Sie wurde verstoßen und von anderen gemieden, und sie wünschte sich nichts sehnlicher, als endlich von dieser Plage geheilt zu werden. Sie hatte viel Geld darauf verwendet, damit sie von den Ärzten geheilt wurde, aber es hatte alles nichts geholfen – im Gegenteil, es war immer schlimmer geworden. Und wie Jairus, der Vorsteher der Synagoge, hatte sie von Jesus, dem Heiland, gehört, auch für sie war er ein letzter Strohhalm, an den sie sich klammerte. Ja, ihre Verzweiflung, aber auch ihr Glaube gingen so weit, dass sie dachte: „Wenn ich nur einen Stofffetzen seines Kleides berühre, dann reicht das schon, dass ich gesund werde. Dieser Jesus, das glaube ich, steht so unter Strom, dass ein Stromschlag genügt, um meine Krankheit zu stoppen!" Mit dieser Überzeugung, mit diesem aberwitzigen Glauben nähert sie sich dem Nazarener und seinen Leuten. Sie pirscht sich immer näher heran, angstvoll und doch zielstrebig, und schafft es schließlich, das Gewand Jesu zu berühren. Und augenblicklich spürt sie, wie die heilende Kraft sie durchfährt und mit einem Mal den Blutfluss stoppt. Das muss ein unglaublicher Moment gewesen sein für diese Frau. In demselben Moment, in dem sie alles auf eine Karte setzt, sich heimlich von hinten anschleicht, andrängelt und anonym diesen Jesus berührt, fällt der gesamte Energiefokus auf sie, und erschrocken zieht sie sich hastig zurück und versteckt sich. Denn im gleichen Moment bleibt Jesus stehen und sagt: *„Jemand hat mich berührt!"*

Zitternd kommt sie aus ihrem Versteck und wirft sich vor Jesus nieder und – so steht es in der Bibel – sagt ihm die ganze Wahrheit. Was ist die *„ganze Wahrheit"* dieser Frau? Was ist meine ganze Wahrheit, wie sieht meine Geschichte aus, mit der ich mich zaghaft von hinten, verzweifelt, voller Angst, entdeckt zu werden, an Jesus heranpirsche? Das kann ich und das darf ich. Glaube heißt doch nicht, dass ich ein Bekenntnis und rechtmäßige Glaubenssätze herunterspulen kann, sondern viel entscheidender ist doch, WIE ich glaube, und dass ich mit meiner ganzen Existenz erfasst werde von dieser unglaublichen Präsenz des heilenden Jesus. Diese Mischung aus Angst, Vertrauen, Verzweiflung, radikaler Ehrlichkeit und tiefer Dankbarkeit darüber, dass ihr endlich geholfen wurde, nennt Jesus *„Glauben"*!

Römer 1,16–17: *Denn ich schäme mich des Evangeliums nicht; denn es ist eine Kraft Gottes, die selig macht alle, die glauben, die Juden zuerst und ebenso die Griechen. Denn darin wird offenbart die Gerechtigkeit, die vor Gott gilt, welche kommt aus Glauben in Glauben; wie geschrieben steht: „Der Gerechte wird aus Glauben leben"* (Habakuk 2,4).

Das war die bahnbrechende Wiederentdeckung Martin Luthers: „Allein aus Glauben wird der Glaubende gerecht!" Und das ist auch die

Kernaussage dieser biblischen Erzählung. Mit welcher Erwartung, mit welchem Glauben pirsche ich mich, wenn möglich in der Anonymität einer großen Kirche, an diesen Jesus heran? Was erwarte und erhoffe ich von ihm? Und bin ich bereit, mit meiner ganzen Wahrheit zu ihm zu kommen? Diese Fragen hat sich die Frau im Vorhinein nicht gestellt, musste sie auch nicht, wichtig war, dass sie überhaupt eine Erwartung und ein ganz tiefes Vertrauen zu diesem Heiland hatte. Der Glaube war entscheidend, das WIE; voller Inbrunst und Leidenschaft von ihm die Befreiung und Heilung zu erwarten, das ist Glaube und das reicht.

Margot Käßmann hat als Botschafterin des Lutherjahres 2017 viele Länder bereist. Über einen Besuch in Hongkong berichtet sie: *„Ich halte (an der Lutherischen Hochschule in Hongkong) einen Vortrag über Freiheit, Gnade, Rechtfertigung. Bei der anschließenden Diskussion fällt mir eine junge Chinesin auf. Bildhübsch, langes schwarzes Haar, schlank, in Jeans und Bluse. Sie erklärt, ohne Luther wäre sie zerbrochen am Leistungsdruck der chinesischen Kultur. Eine gute Tochter sein, eine perfekte Schülerin sein, ein Instrument spielen, klug und schön sein, aber Demut üben. Wer könnte das alles zugleich? Ihre Rettung sei der christliche Glaube gewesen: dass Gott dich liebt, noch bevor du etwas leistest: dass dein Leben Sinn hat, ohne dein Zutun. Seit sie Christin sei, fühle sie sich befreit …"* (ZEIT, 27.4.2017, S. 52).

Das ist der Glaube, der gesund macht (in einem Land, in dem ein Viertel aller sieben- bis elfjährigen Mädchen bereits eine Diät hinter sich haben). Wer glaubt, wird gesund, wird selig, zutiefst glücklich. Doch wie so oft liegen Freud und Leid auch hier ganz nah beieinander. Während Jesus stehenbleibt und herausfinden möchte, warum plötzlich so viel Energie von ihm ausgegangen ist, man könnte auch sagen, während sich eine Andere egoistisch an Jesus heranpirscht und ihn aufhält, und während Jesus anschließend herumtrödelt, stirbt das todkranke Mädchen. Die Klageweiber beginnen schon mit dem Klagegesang und leiten damit die Beerdigungszeremonie ein. Die Nachricht erreicht den Vorsteher der Synagoge unmittelbar und hart. Was hat ihm sein Vertrauen zu Jesus genützt? Gar nichts, im Gegenteil, Jesus hatte anderes, wohl „Besseres" zu tun. Während anderen geholfen wurde, musste sein geliebtes Kind sterben. Sich in solch einer Situation von Jesus sagen zu lassen: *„Fürchte dich nicht! Glaube nur!"*, das ist schwer. Was soll das für ein Glaube sein? Ein letztes, verzweifeltes Festhalten an irgendetwas, am Unmöglichen (vgl. Joh 11)? Was ist das für ein Glaube, den die verfolgten Christen in Syrien aufbringen müssen, ihre Gebete um Frieden, Freiheit und Gerechtigkeit, sie wurden und werden nicht erhört. Scheinbar hatte der „liebe Gott" besseres und anderes zu tun, scheinbar trödelt er mal wieder und leiht anderen Aufdringlicheren sein Ohr. „Da müssen Sie aber Ihre Beziehungen ‚nach oben' mal spielen lassen, damit wir am kommenden Sonntag auch wirklich gutes Wetter haben!", höre ich manchmal so halb spaßig von den Verantwortlichen einer Gemeinde. Ich antworte dann immer: „Warum sollte Gott unser Gebet um gutes Wetter erhören und die millionenfachen Gebete um Frieden, Freiheit und Gerechtigkeit vieler Gläubigen in aller Welt nicht?" Was ist das für ein Glaube, der diesem verzweifelten Vater da abverlangt wird?

Und zu den Klageweibern und Trauernden sagt er: „Was macht Ihr denn für einen Lärm und heult hier rum? *Das Mädchen ist nicht gestorben, es schläft nur!"* Und die Meute fängt an zu lachen. Die Leute lachen Jesus aus und mit ihm den armen, verzweifelten Vater, der so gerne glauben möchte, und dem es doch den Boden unter den Füßen wegzieht. Was tun, wenn das Gelächter immer lauter wird? Was tun, wenn sich der Zynismus und das „süße Gift des Nihilismus" (Kant) über mein Herz und meine Seele zu stülpen droht? Jesus schmeißt sie hinaus, treibt die Spötter und Trauergeister, so wie die feilschenden Händler mit Macht aus dem Tempel, und es bleiben Vater-Mutter-Kind, der kleinste, der privateste Rahmen, den gilt es zu schützen, wenn mein Glaube in Gefahr ist. *„Talitha kumi!' – ich sage dir, Mädchen, steh auf!"*

Und das Mädchen erwacht, steht auf und geht umher – zwölf Jahre alt, und das Leben noch vor sich.

Und auch das stimmt, der Glaube, der Kinderglaube einer Zwölf-jährigen sieht anders aus als der Glaube eines Erwachsenen, der gerade dabei ist Karriere zu machen und vielleicht den Wunsch hat, eine Familie zu gründen, und der Glaube sieht wiederum anders aus als der desjenigen, der und die sich bereits auf den Ruhestand vorbereitet usw. – unser Glaube verändert sich.

Nach einem sonntäglichen Gottesdienst kommt ein Mann in die Sakristei gestürzt und baut sich wütend vor dem Gemeindepfarrer auf: „Herr Pfarrer, mit Ihrer Predigt gerade haben Sie meinen Kinderglauben zerstört!" Der Pfarrer schaut ihn an: „Sagen Sie mal, wie alt sind Sie eigentlich?" „Ich bin 49 Jahre alt!", erwidert dieser. „Dann wurde es aber auch höchste Zeit!", beendet der Pfarrer das Gespräch.

Ganz klar, unser Glaube verändert sich, muss sich verändern, darf reifen und wachsen (1. Kor. 13) – entscheidend ist unsere Leiden-schaft, mit der wir uns an Jesus wenden, ob wir uns heimlich hinten anpirschen, ob wir offen und klar ihm gegenübertreten oder ob wir allen Zweifeln und allem Gelächter zum Trotz daran festhalten, es gilt: Wer, wie die junge Chinesin aus Hongkong, darauf vertraut, dass Gott dich liebt, noch bevor du etwas leistest: dass dein Leben Sinn hat, ohne dein Zutun, der oder die erlebt den christlichen Glauben als etwas Befreiendes, Heilendes und Seligmachendes.

Jesus fragte: Willst du gesund werden? Eine der bekanntesten Heilungsgeschichten im Neuen Testament ist jene, bei der Jesus am Teich Bethesda, beim Jerusalemer Schaftor gelegen, einen gelähmten Mann heilt. Bevor er dies aber tut, stellt er ihm eine scheinbar absurde Frage, denn er fragt ihn: „Willst du gesund werden?" Die Frage erscheint insofern zunächst absurd, weil alle Menschen, die sich an diesem Teich lagerten, dies nur aus einem einzigen Grund taten, nämlich um gesund zu werden. Die Frage Jesu ist etwa genauso absurd, als würde man an einer Lottoannahmestelle einen Lottospieler fragen: „Willst du im Lotto gewinnen?". Aber nur auf den ersten Blick. Die Frage: „Willst du den Super-Jackpot mit 30 Millionen Euro gewinnen?", würde vielleicht schon eher dieser Frage Jesu entsprechen, denn ein solcher Gewinn würde ja das Leben der meisten Menschen komplett verändern. So wie eine komplette Heilung einen Menschen, der es gewohnt war, von anderen versorgt und bemitleidet zu werden, auch eine komplette Umstellung bedeuten würde. Jesus nimmt Kontakt zu ihm auf, um herauszufinden, ob dieser Kranke tatsächlich darauf vorbereitet ist, gesund zu werden (Joh. 5, 1–9). So nimmt Jesus durch seine Frage Kontakt zu den innersten Motiven dieses Kranken auf.

Jesus suchte die Einsamkeit. Im Neuen Testament wird immer berichtet, dass Jesus sich zurückzog um zu beten, um Kontakt zu seinem Vater zu halten. *„Dein Wille geschehe!"*, diese Bitte aus dem Vaterunser war für Jesus Lebensinhalt und Programm zugleich. Er wollte den Willen seines himmlischen Vaters umsetzen bis zum Schluss, bis zum bitteren Ende im Garten Gethsemane und am Kreuz von Golgatha.

Die leise und unaufdringliche Stimme Gottes in meinem Leben kann ich oft nur wahrnehmen, wenn ich wie Jesus immer wieder auch Orte der Abgeschiedenheit und der Stille aufsuche.

Jesus feierte mit seinen Jüngern. Regelmäßige gemeinsame Mahlzeiten waren für Jesus und seine Jünger genauso wichtig wie für jede andere Familie oder Gemeinschaft. Wir feiern miteinander und freuen uns aneinander, wir prosten einander zu und lachen herzlich über die eine oder andere Anekdote, die wir unterwegs erlebt haben. So stelle ich mir das Zusammensein des engsten Jüngerkreises vor. Bei solchen ausgelassenen und entspannten Zusammenkünften ließ sich einfach noch einmal auf einer ganz anderen und privateren Ebene die Freundschaft dieser Männer und Frauen vertiefen. Umso schmerzhafter muss es für Jesus gewesen sein, als er wahrgenommen und gespürt hat: Einer von diesen engsten Vertrauten wird mich verraten und ans Messer liefern.

Jesus konnte Gedanken lesen. Nicht nur die Gedanken seiner Jünger oder im schlimmsten Fall die seines Verräters konnte Jesus lesen, auch die jenes Pharisäers, bei dem er zu einem Essen eingeladen war. Und als er sich zu Tisch gesetzt hatte, betrat eine Frau das Haus, die im NT als „Sünderin" bezeichnet wird. Vielleicht wurde sie so bezeichnet, weil sie schon mehrere Männer als Lebens- und Liebespartner hatte, es wird nicht genauer beschrieben. Sie hatte von Jesus gehört und auch, dass er bei diesem Pharisäer zu Gast sein würde.

Da sie unbedingt Kontakt zu Jesus haben wollte, ging sie das Risiko ein, öffentlich bloßgestellt zu werden. Sie brachte ein Alabastergefäß mit Salböl und trat von hinten an ihn heran, weinte und fing an, seine Füße mit Tränen zu beträufeln und mit ihren Haaren zu trocknen, dann küsste sie seine Füße und salbte sie mit dem kostbaren Öl. Das muss für Jesus eine angenehme Überraschung gewesen sein. Heute würden wir sagen: Eine äußerst wohltuende Fußmassage, und das für die sicherlich geschundenen Füße des Nazareners, der ja permanent zu Fuß unterwegs war.

Sein Gastgeber, der Pharisäer, beobachtete das Geschehen und war vielleicht sogar ein bisschen neidisch, dass niemand ihn so liebkosend umsorgte. Auf jeden Fall machte der sich so seine Gedanken: „Wenn dieser Jesus tatsächlich ein Prophet wäre, dann wüsste er, dass diese Frau, die ihn da so umschmeichelt, eine stadtbekannte Sünderin ist." Gesagt hat er das nicht, nur gedacht.

Aber Jesus hörte, was er sich so dachte. Und deshalb antwortete er ihm gleich und direkt: *„Simon, ich möchte dir etwas sagen!"*, und dieser Simon antwortete: *„Nur heraus damit, Meister!"* Da erzählte ihm Jesus ein Gleichnis: „*Ein Gläubiger hatte zwei Schuldner. Einer war ihm fünf-hundert Silbergroschen schuldig, der andere fünfzig. Da sie aber nicht bezahlen konnten, schenkte er's beiden. Wer von ihnen wird ihn mehr lie-ben? Simon antwortete und sprach: Ich denke, der, dem er mehr geschenkt hat. Er aber sprach zu ihm: Du hast recht geurteilt. Und er wandte sich zu der Frau und sprach zu Simon: Siehst du diese Frau? Ich bin in dein Haus gekommen; du hast mir kein Wasser für meine Füße gegeben; diese aber hat meine Füße mit Tränen genetzt und mit ihren Haaren getrocknet. Du hast mir keinen Kuss gegeben; diese aber hat, seit ich hereingekommen bin, nicht abgelassen, meine Füße zu küssen. Du hast mein Haupt nicht mit Öl gesalbt; sie aber hat meine Füße mit Salböl gesalbt. Deshalb sage ich dir: Ihre vielen Sünden sind vergeben, denn sie hat viel geliebt; wem aber wenig vergeben wird, der liebt wenig*" (Lk 7,41–43).

Jesus war wohl mit diesem Pharisäer befreundet, sonst wäre er von diesem nicht in sein Haus eingeladen worden und sonst hätte Jesus als Gast sicherlich nicht so offen Klartext geredet. Aber auch das gehört zu einer Freundschaft und zu den wichtigen Eigenschaften einer guten Beziehung, dass wir mitunter offen miteinander reden können und uns nicht nur „unseren Teil denken".

Jesus wusch seinen Jüngern die Füße (Joh 13). Bei einer der gemeinsamen Mahlzeiten band sich Jesus eine Schürze um, nahm sich ein Tuch und eine Schüssel mit Wasser und begann, seinen Jüngern, einem nach dem anderen, die Füße zu waschen. Das ist ein besonders intimer Kontakt. Wenn ich mir von jemand anderem die Füße waschen lasse, dann erfordert das eine gewisse Überwindung. Über die Füße spüren wir, nehmen wir Dinge ganz anders wahr. Und über die Füße konnte auch Jesus ein Gespür für seine engsten Vertrauten entwickeln. Und mitten in dieser liebevollen, körperlichen Vertrautheit, spürte er auf einmal: „Dieser, dem ich jetzt gerade die Füße wasche, der wird mich verraten."

HAND UND FUSS

Wir saßen so zusammen,
wir saßen grad bei Tisch,
da nahm er eine Schürze
und Schüssel Wasser sich.
Er kniete vor uns nieder,
begann, mit sanfter Hand
die Füße uns zu waschen,
zu reinigen vom Sand.

Erschrocken zog ich meine
Füße schnell zurück,
komm, lass du mich das machen,
das schickt sich einfach nicht.
Wir sollten dich umsorgen,
du bist doch unser Herr,
und dir die Füße waschen
und nicht umgekehrt.

Da sahen seine Augen
mich endlos lange an:
Wem ich in dieser Runde
nicht so begegnen kann,
dass ich ihm einfach diene
und vor ihm niederknie,
hat nichts von mir verstanden
und versteht mich nie.

Hand und Fuß,
glaube mir,

der Glaube muss
Hand und Fuß bekommen.

Lieben, helfen,
andern dienen
ist nicht grade in,
doch mit jedem
kleinen Beispiel
übt man sich darin:

Hand und Fuß,
glaube mir,
der Glaube muss
Hand und Fuß bekommen.

Wenn das stimmt, lieber Meister,
dass du mich waschen musst,
damit ich dir gehöre,
dann nicht nur meinen Fuß,
nein, dann auch Kopf und Hände,
ich will dein Jünger sein
und alles, was ich habe,
nimm hin und es sei dein.

CLEMENS BITTLINGER | MUSIK: DAVID PLÜSS (CD „MENSCH JESUS")

Jesus pflegte Kontakte. Jesus hatte neben seinen Jüngern auch Freunde, private Kontakte, die er auch pflegte. Sie zählten zu seinem Netzwerk, das ein Reisender ohne Besitz und festen Wohnsitz ja dringend brauchte. Solche Freunde waren wohl die Geschwister Marta,

Maria und ihr Bruder Lazarus. Sie wohnten in Bethanien und freuten sich, wenn Jesus ihnen einen seiner seltenen Besuche abstattete (Lk 10, 38–46). Für Jesus waren seine Jünger und solche Freunde seine neue Familie. Manche behaupten ja, Familienbande seien die stärksten und wichtigsten Bande und man müsse in erster Linie diese Beziehungen pflegen und aufrechterhalten. „Blut ist dicker als Wasser", sagt ein altes Sprichwort, und gemeint ist damit, dass Menschen, die miteinander verwandt sind, in Krisenzeiten einander besser unterstützen als die Seelenverwandten, als der Freundeskreis eben. Jesus sah das anders. *„Diejenigen, die mir nachfolgen und mit mir unterwegs sind, sind meine Schwestern und Brüder!",* ließ er seiner leiblichen Mutter einmal ausrichten. „Glaube nicht, dass du, nur weil wir miteinander verwandt sind, einen besonderen Anspruch auf mich hast!" Harte Worte, die Jesus da seiner eigenen Mutter zukommen ließ. Ein besonderer Besuch bei Marta und Maria beschreibt auch zwei sehr unterschiedliche Arten der Beziehungspflege, man könnte auch sagen, zwei unterschiedliche „Sprachen der Liebe" (Lk 10,38–46): Als Jesus das Haus der Schwestern betrat und sich niederließ, fing er an zu erzählen. Und Maria tut das, was man tun sollte, wenn jemand von weit her kommt, viel erlebt hat und diese Erlebnisse und seine neuesten Erkenntnisse mit anderen teilen möchte: sie setzt sich zu ihm und hört ihm zu. Es gibt doch nichts Schlimmeres für einen Gast, der etwas zu sagen hat, wenn ihm niemand zuhört. Das ist die eine Sprache der Liebe, die hier zunächst vorkommt: Jemand nimmt sich Zeit. Jemand hört einfach mal zu, ist aufmerksam und zugewandt. Das tut gut.

Marta hätte nun sagen können: „Lieber Jesus, warte doch noch einen Moment mit deinen Erzählungen, ich möchte das auch hören, aber wir sind mit unseren Vorbereitungen noch nicht ganz fertig geworden. Schließlich wollen wir dich ja auch fürstlich bewirten." Das hat sie aber zunächst nicht getan, sondern, während Jesus erzählte und Maria ihm andächtig zuhörte, hat sie ihre „To-Do-Liste" weiter abgearbeitet. Das ist die zweite Sprache der Liebe: Ich sorge dafür, dass der andere sich wohlfühlt. Ich bewirte ihn, sorge dafür, dass er zur Ruhe kommt, sich frisch machen und ganz entspannt meine Gastfreundschaft genießen kann. Beides sind auch Formen der Kommunikation. In der alten Kirche hat man u. a. aus dem Verhalten der beiden Schwestern die alte Ordensregel „ora et labora" abgeleitet. „Beten" und „Arbeiten", beides sind gleichwertige Tätigkeiten einer Ordensschwester und eines Ordensbruders. Maria steht dabei für die „vita contemplativa" (besinnliches Leben) und Marta für die „vita activa" (aktives/handelndes Leben). Beide gehören zusammen, und es gilt, auch in unseren Beziehungen zu uns selbst und in unserem spirituellen Leben die richtige Balance dieser beiden Pole zu finden. Heute würde man sagen, es gilt, die richtige „work-life-balance" zu finden. Dass das nicht immer einfach ist, wird auch in dieser Erzählung deutlich, denn irgendwann platzt Marta der Kragen, sie baut sich vor Jesus auf und schleudert ihm ihren ganzen Frust entgegen: „Meister, stört es dich eigentlich überhaupt nicht, dass ich hier die ganze Arbeit mache und meine (liebe) Schwester bei dir (faul) rumsitzt und deinen Worten lauscht? Bitte sage ihr doch, dass sie mir helfen soll!" Marta war wohl klar, dass Maria für den Moment so sehr auf die Worte Jesu fixiert war, dass sie ihre Worte gar nicht wahr- geschweige denn ernstgenommen hätte. Marta versucht, Jesus für ihr Anliegen zu instrumentalisieren. Auch das konnte und kann man in der Gemeinde Jesu immer wieder erleben, dass eine Pfarrerin oder ein Priester, die ihre „Schäfchen" für ein bestimmtes Projekt mit eigenen Argumenten nicht gewinnen konnten, diese mit dem Wort Gottes zu überzeugen versuchen, so ganz nach dem Motto „Der Herr hat mir gezeigt …". Und Jesus signalisiert, dass er beide Sprachen der Liebe wertschätzt: die fürsorgliche Gastfreundschaft der Marta: „Liebe geht durch den Magen", aber auch die aufmerksame Zugewandtheit der Maria, indem er Marta antwortet: „Liebe Marta, ich sehe, du gibst dir viel Mühe und sorgst dafür, dass alles läuft, deine Schwester Maria aber hat das Notwendige gewählt, das, was sie jetzt braucht, um ihre innere Not abzuwenden, und das soll und darf ihr nicht genommen werden!" Das zählt zu den wichtigsten Eckpunkten einer guten Beziehungspflege, dass wir einander fröhlich bewirten, miteinander essen und trinken, dann aber auch miteinander ins Gespräch kommen, vielleicht sogar so ins Gespräch kommen, dass Not gelindert, vielleicht sogar abgewendet werden kann. „Blut ist dicker als Wasser", sagt der Volksmund. „Freunde sind Gottes Entschuldigung für Verwandte", sagt ein irisches Sprichwort.

Wie können wir in Verbindung bleiben?

Die einfachsten und naheliegenden Methoden, mit anderen in Verbindung zu bleiben, sind nach wie vor ein gegenseitiger Besuch, ein gutes Gespräch oder aus der Ferne: ein Telefonat oder eine ausführliche E-Mail. Doch es gibt noch viele andere Möglichkeiten, den guten Draht zueinander aufrecht zu erhalten:

Freundschaften pflegen: Die Fragen „Wer ist mein Freund?" und „Was macht einen echten Freund aus?", beschäftigen mich schon sehr lange. Eines ist klar: „Freunde" hat man nicht viele. In Zeiten, in denen einem via Facebook täglich sogenannte „Freundschaftsanfragen" ins Haus flattern, wird der Begriff so inflationär gebraucht, dass er seine eigentliche Bedeutung zu verlieren scheint. Ein Hauptgrund, warum ich meine private Facebook-Seite wieder aufgegeben habe, war genau dieser: Ich verstehe unter Freundschaft etwas anderes als die „Facebook-Gemeinde".

Ich darf mich glücklich schätzen, denn ich habe Freunde, Menschen, die mein Leben liebevoll, unterstützend, aber auch kritisch begleiten. Es sind Menschen, die mir guttun, die ich anrufen kann, wenn es etwas zu feiern gibt, bei denen ich spontan vorbeischauen kann, wenn es mir mal nicht so gut geht, die ich aber manchmal auch sehr lange nicht sehe, und dann treffen wir uns wieder, und es ist, als wären wir gestern auseinandergegangen. Zur Freundschaft gehören jedoch immer zwei. Eine Freundschaft muss man pflegen, sich ab und zu mal melden – einfach so, ohne immer gleich ein Anliegen zu haben. Wenn ich mich entschlossen habe, jemandem „Freund" zu sein, dann bin ich ziemlich hartnäckig und investiere Zeit und Energie in diese Beziehung. Dabei ist es wichtig, dass man sensibel mit dem anderen umgeht und auf Signale achtet, die die andere (Gender) sendet oder nicht sendet.

Da gibt es Zeiten, in denen es gilt, Tacheles zu reden und dem anderen den Spiegel vorzuhalten: Freunde dürfen und müssen auch unbequem sein. Ich erwarte von einem Freund, dass er behutsam, aber auch wach und ehrlich mit mir umgeht, und das Gleiche kann und darf er von mir erwarten. Leute, die einem nach dem Mund reden und ständig auf die Schulter klopfen, sind ja nur so lange bei einem, wie man ihnen nützt. Freunde sind da, wenn alle anderen sich verabschiedet haben, und manchmal merken wir erst in einer Krise, wo die wirklichen Freunde zu finden sind.

Und dann gibt es Zeiten, da zieht sich die Freundschaft zurück, denn der andere signalisiert: „Ich brauche meine Ruhe!", oder er hat im Moment so viel um die Ohren, dass er sich nicht um die Freundschaft kümmern kann. Solche Durststrecken muss eine Freundschaft aushalten können, wenn es denn eine Durststrecke ist. Wenn der oder die andere sich jedoch aus der Beziehung zurückziehen möchte, dann muss echte Freundschaft auch das aushalten und den anderen „mit den besten Wünschen" ziehen lassen. „Die Liebe blüht in der Freiheit der Abschiedlichkeit", hat jemand mal gesagt.

FREUNDE

Freunde sind selten
und selten bequem,
sind manchmal kantig
und unangenehm,
woll'n nicht gefallen,
sondern zu dir gehör'n,
steh'n auf der Matte,
auch wenn sie grad stör'n.

Freunde sind leise,
schauen dir zu,
lassen dich weise,
wenn nötig, in Ruh,
haben nicht nur
sich selber im Blick,
lassen dir Zeit
und zieh'n sich zurück.

Freunde sind ehrlich
und locken dich raus,
werden gefährlich
dem Kartenhaus,
lassen die Spiele
dir nicht durchgeh'n,
es sind nicht viele,
die so zu dir steh'n.

Freunde zu finden
ist ziemlich schwer,

denn wer lässt sich binden
und gibt von sich mehr
als ein „Hallo"
und ein wenig Zeit,
wer ist schon zum Geben
und Lieben bereit.

Freunde sind selten
und selten bequem,
sind manchmal kantig
und unangenehm,
woll'n nicht gefallen,
sondern zu dir gehör'n,
steh'n auf der Matte,
auch wenn sie grad stör'n.

TEXT UND MUSIK: CLEMENS BITTLINGER

Feste feiern. Etwa alle zehn Jahre feiere ich ein großes Sommerfest, zu dem ich etwa 150 Gäste aus dem gesamten Bundesgebiet einlade. Das ist eine wunderbare, sehr langfristige Möglichkeit, mit vielen Menschen, die mir über die Jahre begegnet und wichtig geworden sind, in Verbindung zu bleiben. Dafür gibt es bei uns im Odenwald eine sehr schöne Location mit großer Gartenwirtschaft und einem in original balinesischem Design gestalteten Gastraum. Dort kommen wir zusammen, essen, trinken und tauschen uns aus. Es wird viel Livemusik gemacht, gesungen und getanzt: Wir feiern das Leben. Manche haben eigene Beiträge mitgebracht und lassen uns teilhaben an ihren eigenen Erlebnissen und Erfahrungen in den letzten Jahren, und natürlich wird auch der Gastgeber kräftig auf die Schippe genommen, das gehört einfach dazu, und ich freue mich darauf. Das Fest beginnt im Grunde schon ein Jahr vorher, wenn ich zunächst einmal wieder das Lokal buche und mit „save the date" per E-Mail meinen oft terminlich langfristig planenden weitesten Freundes- und Bekanntenkreis „informiere". Dann werden Hotelzimmerkontingente gebucht und zur Abrufung durch die Gäste per E-Mail bereitgestellt. Als nächstes treffen wir uns mit den befreundeten Wirtsleuten zu einem gemütlichen Umtrunk und besprechen den Speiseplan, die Getränke, den Ablauf und das Büffet. Aufgrund der Rückmeldungen meiner Gäste entsteht dann eine recht illustre Gästeliste. Nun gilt es, einen pfiffigen Tischplan zu erstellen und mit viel Witz und Liebe jene Menschen an jeweils einem Tisch zusammenzubringen, von denen man glaubt, dass sie gut miteinander ins Gespräch kommen können. Wobei diese Tischordnung nur eine erste „Ordnung" sein kann. Das Wandern an den einen oder anderen Tisch ist ausdrücklich erwünscht und auch sinnvoll. Und natürlich suche ich mir auch ganz gezielt die Menschen aus, die zunächst an meinem/unserem Tisch Platz nehmen sollen und dürfen. Ich genieße es, Gastgeber zu sein. Im Eingangsbereich gibt es zunächst einen kleinen Sektempfang. Mit einer kleinen Ansprache werden die Gäste begrüßt, die verschiedenen Gruppen kurz vorgestellt und dann das Büffet eröffnet. Nach einem opulenten Mahl und den ersten Gesprächen an den Tischen (wobei der Gastgeber wandert und lustwandelt) spielt die Musik auf. Man kann tanzen, und es gibt fröhliche Beiträge meiner Gäste, und so nimmt der Abend seinen Lauf, mit vielen Umarmungen, es wird viel gelacht, und hier und da auch geweint, und wie im Flug vergeht der Abend – ich liebe es!

Jahresabschlussfeier. Jedes Jahr gestalten meine Musiker und ich rund einhundert Konzerte bundesweit. Meine Reisetätigkeit als Liedermacher, Buchautor und evangelischer Pfarrer wird u. a. mitgetragen von einem Förderverein „Musik*Kultur*Verkündigung e. V.", und in dessen Namen laden wir in der Regel jeweils nach dem letzten Konzert eines Jahres all jene ein, die an den unterschiedlichsten Stellen meine Arbeit mittragen und unterstützen. Es geht einfach darum, „Danke" zu sagen, denn alle, die da zum Teil auf 450-Euro- oder Honorarbasis mitarbeiten, tun dies mit ganzem Herzen. Mit Geld ist dieses Engagement gar nicht zu bezahlen, und so ist es mir wichtig, zumindest meine große Wertschätzung auf diese Weise zum Ausdruck zu bringen. Diese Art von „in Verbindung bleiben" ist insofern auch wichtig, weil sich hier immer wieder und in direktem Kontakt Menschen begegnen, die sonst nur per E-Mail oder telefonisch „verkehren". Bei diesem jährlichen kleinen Fest möchten wir am Ende eines Jahres auch Gott danken für alle Begabungen und kreativen Möglichkeiten und alle Bewahrung auf unseren Fahrten.

Einen Brief schreiben. Das mache ich mittlerweile sehr selten, aber wenn ich es tue, dann mit viel Zeit und Bedacht. Mit einem Brief kann ich, vor allem, wenn ich ihn noch dazu per Hand schreibe, oft viel mehr zum Ausdruck bringen, als ich das mit einer E-Mail oder gar einer Whatsapp-Nachricht könnte. Schon an der Handschrift kann ich einiges erkennen: Hat sich die Schreibende (Gender) Mühe gegeben oder war sie in Eile? Hatte sie am Anfang viel Zeit und gegen Ende weniger? Bis heute gibt es ja die Kunst des Briefeschreibens und der Kalligrafie (Schönschreibung), ein ästhetisches und inhaltliches Vergnügen. Briefe sind eine eigene literarische Gattung. Legendär ist der rund eintausend Briefe umfassende Briefwechsel zwischen Goethe und Schiller Ende des 18. und Anfang des 19. Jahrhunderts. In der Erstausgabe dieser gesammelten Korrespondenz bezeichnete Goethe die Briefe von Schiller als seinen wohl größten literarischen Schatz. Allerdings enthalten manche der Briefe nicht viel mehr Inhalt und Umfang als eine E-Mail heutzutage. Hätten die beiden damals mailen und SMS verfassen können, wären sie sicherlich auf eine fünfstellige Anzahl ihrer erstaunlichen und von tiefer Wertschätzung geprägten schrift-lichen Zwiesprache gekommen. Dass Briefe aus einem bestimmten Anlass und in eine bestimmte Situation hineingeschrieben werden und wurden, leuchtet jedem sofort ein. Einen Kondolenzbrief schreibt man bei einem Trauerfall, einen Liebesbrief, weil man verliebt ist und die Adressatin für sich gewinnen möchte, einen Glückwunschbrief zum Geburtstag, zur Hochzeit oder zur Geburt eines Kindes, eine Postkarte vom Urlaub und an Weihnachten usw. Umso erstaunlicher ist es für mich, dass manche Zeitgenossen, die regelmäßig in der Bibel lesen und diese als „Wort Gottes" als Maßstab für ihr Leben ansehen, nicht begreifen oder berücksichtigen wollen, dass die Briefe des Paulus z. B. an die Gemeinde in Korinth, mit einer ganz bestimmten Absicht und in eine individuelle Situation hineingeschrieben wurden. Und da lässt sich dann eben doch nicht alles eins zu eins in unsere Situation heute übertragen. Klar ist, auch Paulus schrieb diese Briefe, um mit den Gemeinden, die er kannte und z. T. auch mitgegründet hatte, in Verbindung zu bleiben.

Längst wurde jedoch der Brief abgelöst durch die E-Mail, auch die lange Zeit noch üblichen Rundbriefe von christlichen Werken wurden und werden nach und nach durch „Newsletter" abgelöst. Bis Anfang 2005 haben wir von unserem Förderverein noch regelmäßig einen Rundbrief namens „Infopost" verschickt. Das war zum einen teuer und aufwendig und zum anderen mehr und mehr ineffektiv. Seit vie-len Jahren bleiben wir über regelmäßige Newsletter und eine Home-page in Verbindung mit den Menschen, die sich für meine und unsere Aktivitäten interessieren.

Moderne Kommunikationsmittel wie Instagram, Twitter, SMS, Face-book und Whatsapp nutze ich persönlich kaum. Ich merke jedoch, dass gerade Whatsapp mittlerweile praktisch unverzichtbar ist, wenn man zu bestimmten Menschen oder Personenkreisen Kontakt halten möchte. Als unsere Kinder aus dem Haus waren, hat sich meine Frau ein Smartphone besorgt und ist einer familien- und verwandtschafts-internen Whatsapp-Gruppe beigetreten, ganz einfach deshalb, weil sie darin die einzige Chance sah, den regelmäßigen Kontakt zu unseren erwachsenen Kindern aufrechtzuerhalten. Und das stimmt auch. Auf diese Weise werde auch ich, durch unsere Gespräche, diesbezüglich auf dem Laufenden gehalten, ohne mich selbst in diesen zeitraubenden Sumpf einer zu neunzig Prozent überflüssigen Kommunikation begeben zu müssen. Das „In-Verbindung-bleiben" wird für mich hier ad absurdum geführt, wenn der Fernkontakt wichtiger zu sein scheint, als der Nahkontakt: Alle sitzen an einem Tisch, aber jede und jeder ist in sein Smartphone vertieft.

Miteinander wandern ist eine schöne, erholsame und gesunde Art, in Verbindung zu bleiben. Zwei gestandene Mütter und Ehefrauen, beide berufstätig, die seit ihrem Studium befreundet sind, jedoch weit von-einander entfernt wohnen, verabreden sich einmal im Jahr zu einer dreitägigen Bergtour – nur zu zweit, ohne irgendwelchen Anhang. Diese Tage und vier bis fünf längere Telefonate im Jahr reichen, um hier einen „Beste-Freundinnen-Kontakt" aufrechtzuerhalten. Wenn wir miteinander gehen und dabei wieder neu ins Gespräch kommen, begleiten wir einander, nicht nur innerlich, sondern auch physisch. Dieser Weg, den wir miteinander gehen, verändert uns und stärkt unsere Beziehung zueinander. Ein bis zweimal im Jahr verabreden wir uns mit einem befreundeten Paar zu einer vierstündigen Wanderung mit Abendessen, Übernachtung und Frühstück am nächsten Morgen. Diese Wanderungen sind allein schon deswegen etwas Besonderes, weil wir uns trotz sorgfältigstem Kartenstudiums regelmäßig ver-laufen. Der lustige Satz „Umwege erhöhen die Ortskenntnis" trifft hier insofern zu, als wir uns danach immer schmunzelnd eingestehen: „Beim nächsten Mal wissen wir es besser!" Nur, dass wir dann wieder eine neue Strecke wandern, mit der großen Bereitschaft, uns auch diesmal wieder zu verirren.

Miteinander spielen ist eine großartige Möglichkeit, regelmäßige Kontakte zu pflegen. Nicht immer hat man Lust zu reden oder einen neuen Wein zu zelebrieren, und dann macht es Spaß, sich einfach zu treffen und zu spielen. „Mexican train" heißt z. B. ein Spiel, das auf der Basis von wunderschönen, bunten und großen Dominosteinen als ein auf Wettbewerb angelegtes Spiel mit bis zu acht Personen gespielt werden kann. Man kann andere einladen, im eigenen Feld mitzuspielen, man kann die anderen blockieren, man kann zu unpassender Zeit einen Doppelstein legen, der dann unbedingt und vor allen anderen „bedient" werden muss. Die Zeit vergeht im Flug, und wir haben jede Menge Spaß miteinander. Dieses Spiel spielen wir z. B. regelmäßig an Silvester und oft reicht uns die Zeit vor dem großen Feuerwerk gar nicht, und wir setzen nach der Knallerei unser Spiel bis tief in den Morgen fort. Und dann gibt es natürlich Spiele wie „Therapie" oder „Lifestyle", wo sich zeigt, wie gut wir einander kennen und einschätzen können, und die gleichzeitig eine gute Möglichkeit bieten, einander noch besser kennenzulernen. Je nachdem, wie ein und dasselbe Spiel in den verschiedenen Ländern heißt, kann man auch Rückschlüsse auf das Temperament der Einwohner des jeweiligen Landes ziehen. So heißt das in Deutschland bekannteste Brettspiel „Mensch ärgere dich nicht!" z. B. in der Schweiz: „Eile mit Weile". Seit einigen Jahren sind wir mit einem ziemlich erfolgreichen Spieleentwickler-Ehepaar befreundet. Wir treffen uns zweimal im Jahr, wir sind jedesmal eingeladen und werden fürstlich bewirtet (sie wollen nicht spät abends fahren, also besuchen wir sie), erzählen einander die neuesten Ereignisse und Projekte, und irgendwann spielen wir dann ein frisch entwickeltes, z. T. noch nicht „auf dem Markt existierendes" Brettspiel. Das ist ungeheuer spannend: Zum einen, weil wir „Versuchskaninchen" sein dürfen und zum anderen, weil wir ganz viel erfahren über die Hintergründe und speziellen „Tricks" eines Spiels.

Ein Bekannter von mir ist u. a. Spielpädagoge, von ihm habe ich gelernt, wie bestimmte, pädagogisch angelegte Spiele ganz neu die Verbindungen zwischen einzelnen Seminarteilnehmerinnen (Gender) beleben können. Diese Spiele können nur gelingen, wenn alle gemeinsam zusammenwirken; sobald eine (Gender) nicht mitmacht, klappt es nicht, wenn man z. B. versucht, eine möglichst lange Strecke mit einer sich ständig erneuernden Ping-Pong-Bahn zurückzulegen. Frau (Gender) muss miteinander in Verbindung bleiben und permanent kommunizieren, und das ist auch der Sinn solcher pädagogischen Spiele: Wir sollen lernen, achtsam und kooperativ miteinander umzugehen.

Gemeinsam kochen. Hier spreche ich nun nicht unbedingt aus eigener Erfahrung. Aber ich habe schon mitbekommen, dass es ungeheuer kommunikativ sein kann, wenn man gemeinsam mit mehreren Leuten ein Essen plant, gemeinsam bzw. nach Absprache einkauft und sich dann frühzeitig trifft, um miteinander ein treffliches Mahl zuzubereiten, das frau (Gender) dann auch gemeinsam, genüsslich an einem ebenfalls gemeinsam fein gedeckten Tisch in möglichst vielen Gängen verzehrt. Ich bin da eher derjenige, der den Wein kaltstellt und die eine oder andere Flasche schon mal entkorkt, damit der Wein auch atmen kann. Und natürlich muss er dann auch erst einmal probiert werden. Von mir kommt dann auch gerne die Idee, frau (Gender) könnte doch auch schon mal ein Gläschen Sekt oder Weißwein, gewissermaßen als Vor-Apéritif „zum Kochen dazu" trinken. Und so ergänze ich das kulinarische Treiben in der Küche und am Esstisch gerne durch meine Vorschläge: „Was trinken wir dazu?" Und ich decke und dekoriere natürlich auch gerne die Tafel. Schaut frau (Gender) ab und zu nachmittags Fernsehen, wird sie feststellen, dass es sehr viele verschiedene Shows gibt, die alle irgendwie mit gemeinsamem Kochen zu tun haben. Kochen und gemeinsam Essen ist absolut „in". Schaut man in die südlicheren Länder wie Südfrankreich, Spanien oder Italien, hat frau (Gender) sowieso den Eindruck: Es geht nur ums Essen und Trinken. Der ganze Tag steuert mit einer gewissen Trägheit auf den Abend zu, und da wird dann ab etwa 21 Uhr richtig aufgetischt und gefeiert. Dann, wenn die deutschen Lokale ihre Küche dichtmachen, geht es in diesen Ländern erst richtig los. Wenn wir Konzerte geben, dann freuen wir uns, wenn wir nach dem Konzert noch irgendwo ein warmes Mahl bekommen, doch wenn wir im Lokal eintreffen, ist die normale Küche meistens längst geschlossen (Ausnahmen bestätigen die Regel). Deshalb habe ich vor vielen Jahren schon ein Loblied auf unsere ausländischen Gastronomen geschrieben:

UNTERWEGS AUF REISEN

Unterwegs, auf Reisen,
belieben wir zu speisen
mit Stil und angemessen
zu trinken und zu essen.
Doch meistens wird es spät,
eh es zum Mahle geht.
Oft hören wir verdrossen:
„Die Küche ist geschlossen!"

Dort beim Pizzabäcker scheint noch was los zu sein,
und Pizza schmeckt doch lecker mit einem Gläschen Wein.
Auch Pasta mag ich leiden, was soll auf meinen Teller?
Ich kann mich nicht entscheiden, nehm erst mal Mozzarella.

Ein Glückskeks wartet immer auf späten Neuzugang.
Der letzte Hoffnungsschimmer: das Restaurant von Wang.
Mit Stäbchen oder Gabel, so wie's am besten geht,
speist man hier recht passabel, auch abends noch ganz spät.

Doch manchmal wird's noch später,
dann lockt ein fettes „M"
uns zum Boulettenbräter
vom alten Onkel Sam.

Beim Griechen im „Akropolis", da brennt noch helles Licht,
verheißt in trister Finsternis nun doch noch ein Gericht.
Knoblauch liegt hier in der Luft, es riecht nach Lamm, gebraten,
gepaart mit Harz- und Anisduft, man scheint auf uns zu warten.

Unterwegs, auf Reisen, belieben wir zu speisen
mit Stil und angemessen zu trinken und zu essen.
Doch meistens wird es spät, eh es zum Mahle geht.
Oft hören wir verdrossen: „Die Küche ist geschlossen!"

CLEMENS BITTLINGER | MUSIK: ADAX DÖRSAM (CD „HABSELIGKEITEN")

Miteinander Gottesdienst feiern. *„Wo zwei oder drei in meinem Namen versammelt sind, da bin ich mitten unter ihnen"* (Mt 18, 20). Dieser Satz aus dem Matthäus-Evangelium bezog sich eigentlich und ursprünglich nicht auf den Gottesdienst oder auf eine christliche Versammlung (einen Hauskreis z. B.), aber er wurde wohl schon sehr früh in diesem Kontext zitiert. Und es stimmt natürlich, da wo wir uns betend und singend, Abendmahl feiernd und auf sein Wort hörend um IHN und seinen Segen scharen, da steht ER im Mittelpunkt, inhaltlich und auch tatsächlich als der Auferstandene. Durch unser Singen und Beten bleiben wir in Kontakt mit uns selbst, mit Gott und der weltweiten Christenheit: Das Vaterunser, das Apostolische Glaubensbekenntnis und der Segen vereint die Christen in aller Welt. So bleiben wir in Verbindung und fühlen uns verbunden. Dass das Abendmahl uns Christen trennt, hätte Jesus nie gewollt, dieses letzte Mahl sollte Beziehungen stiften und die tiefste, ganzheitliche Verbindung zwischen dem auferstandenen Christus und seiner Gemeinde gewährleisten. Ich feiere gerne Gottesdienste, allerdings ist das im normalen Gottesdienstalltag einer Volkskirche nicht immer so möglich, wie ich es mir vorstelle und wünsche. Gemeinsam mit meinem Freund und Kollegen Fabian Vogt habe ich vor vielen Jahren schon ein Buch mit dem Titel „Die Sehnsucht leben – Gottesdienst neu entdeckt" (Kösel-Verlag, München 1999) geschrieben. In diesem Buch haben wir uns anhand von zwölf Grundsehnsüchten des Menschen gefragt: Wie muss, darf, kann ein Gottesdienst aussehen, der unsere Sehnsucht nach Gemeinschaft, Freude, Kommunikation, Segen usw. ernst nimmt. Als ich im Sommer 2016 den wenige Wochen später verstorbenen, legendären Fernseh- und Kirchentagspfarrer Jörg Zink noch einmal in seinem Haus in Stuttgart besuchen durfte, habe ich mich sehr gefreut, unser Buch im Bücherregal seines Arbeitszimmers zu entdecken. Auch Jörg Zink hatte eine tiefe Sehnsucht nach einer prophetisch geprägten, gesellschaftspolitisch relevanten Kirche und nach einem Gottesdienst, in dem das Fest des verlorenen Sohnes immer wieder und neu gefeiert wird.

Doch wie „feiert" man als Gemeindepfarrer einen Gottesdienst, wenn nur zwanzig, meist ältere Gemeindeglieder weit verstreut in einer halligen Kirche mit 300 Sitzplätzen sitzen. Nun, indem man der eigenen Sehnsucht folgt. In solch einem Fall ist es gut, wenn frau (Gender) Gitarre spielen kann (und ich habe immer die Meinung vertreten, dass jede Pfarrerin und jede Organistin (Gender) Gitarre spielen können sollte) und zwar so, dass frau auch ein Lied begleiten kann. Ich würde den Organisten bitten, von der Orgelempore herunterzukommen und sich ans Keyboard zu setzen. Dann würde ich mit der Gemeinde, inmitten der Kirche stehend, singen und beten, ich würde die Menschen anschauen und frei predigen. Ich würde die Gemeinde stärker mit einbeziehen und z. B. bei den Fürbitten fragen: „Gibt es irgendwelche Anliegen, die Sie auf dem Herzen haben? Wofür sollten wir heute beten?" Das habe ich des öfteren schon genauso probiert und es funktioniert wirklich. Hier gilt der Satz von Richard Rohr mehr denn je: „You don't need to be perfect, but be connected!" Unsere Gottesdienste leiden oft darunter, dass wir nicht „connected" sind, auch weil wir versuchen „perfekt" zu sein. Das kann einem allerdings durchaus auch in einem sehr gut besuchten, supermodernen Gottesdienst passieren, wie das folgende Beispiel zeigt:

Etwas unterkühlt

Der Ort, zu dem wir wollen, liegt etwas außerhalb, man könnte auch sagen „im Industriegebiet". Schon von weitem sehen wir die Ordner mit ihren orangen Westen am Straßenrand stehen, sie weisen die vielen Besucher ein – Parkplätze sind reichlich vorhanden – das läuft ja bestens. Dann stehen wir vor der Halle – ein beeindruckendes Gebäude, sieht ein bisschen aus wie ein gelandetes Ufo. Viele Menschen sind hier, viele kommen und viele gehen, denn die erste Veranstaltung (oder war es schon die zweite heute?) ist gerade zu Ende gegangen. Manche bleiben auch noch, denn es gibt Kaffee und Snacks, viele junge Leute, viele Familien und viele fröhliche Menschen begegnen uns. Am Eingang werden wir von einer gutaussehenden Dame freundlich begrüßt und stehen dann etwas ratlos im Foyer. Als erstes fällt mir ein großer Buch-, CD-und Merchandise-Shop ins Auge, wir stolpern quasi mitten hinein, denn er ist Teil des breit angelegten Foyers. Ich sehe verschiedene Infostände und jede Menge Helferinnen und Helfer, die offensichtlich bereit sind, jeder und jedem bei was auch immer zu helfen. Ich hatte unseren Besuch per E-Mail mehrfach angekündigt und man hatte uns wiederum per E-Mail aufs Herzlichste willkommen geheißen, man würde uns erwarten, man würde uns herumführen, und wir würden ganz besondere Sitzplätze bekommen. Nun, wir wurden nicht erwartet, wir mussten uns zunächst mit E-Mail-Adresse auf einem Laptop in eine Liste eintragen, und mein Einwand, sie hätten diese doch schon und außerdem wären wir verabredet, wurde nicht weiter beachtet. Das sei eben eine andere Liste und man müsse sich nochmals eintragen (ich fühle mich ein wenig an unsere bundesdeutsche Bürokratie erinnert und fühle mich ein klein wenig unwohl). Auf mehrfaches Nachfragen werden wir dann doch noch von einer sehr netten Dame (die aber leider nur sehr wenig Zeit hatte …) ein wenig herum- und schließlich zu unseren Plätzen geführt. „Welcome home!", lese ich überall, naja, erst einmal abwarten, denke ich, nach „zuhause" fühlt sich das hier (noch) nicht an: Ich stehe in einem großen, etwa dreitausend Menschen fassenden …, ja was eigentlich? Ich stehe in einem riesigen Fernsehstudio! Die mächtige und prächtige Kulisse im Bühnenbereich erinnert an „Voice of Germany" oder „DSDS", sehr beeindruckend, sehr professionell, Videoclips und Animationen laufen, unterlegt von guter Popmusik auf den verschiedenen, ins Bühnendesign eingepassten Leinwänden. Ich bin beeindruckt. Pünktlich um 11.15 Uhr legt eine zehnköpfige Band mit einem jugendlich wirkenden Background-Chor los. Toller Sound, tolles Licht und beeindruckende Animationen auf den Leinwänden. Der Sänger hat eine Stimme wie Bono oder Bon Jovi, auf jeden Fall „fett" und richtig gut. Hier ist eine der weltweit besten Praise and Worship Bands am Start – besser geht's nicht – von der Performance. Die Liedtexte sind schlicht und die Melodien ebenfalls, aber man kann sofort mitsingen, und das tut die auf mittlerweile rund dreitausend Menschen angewachsene Gemeinde auch. Wir stehen, wir singen, manche grölen, manche machen gar nichts – es ist wie bei einem Popkonzert. Nach etwa einer halben Stunde musikalisch wirklich gut gemachter Anbetungsmusik, kommt ein Moderator auf die Bühne und weist auf die Fürbitten hin, die per E-Mail, über das Netz (Twitter, Facebook etc.) bei der Gemeinde ein-gegangen sind; diese werden auf der Leinwand eingeblendet. Es sind etwa dreißig konkrete Anliegen, für die dann mehr oder weniger pau-schal gebetet wird – eigentlich eine gute Idee, denke ich mir. In unse-ren Gottesdiensten sind die Fürbitten oft zu lange und wir versuchen jeweils in einem Rundumschlag die ganze Welt zu retten – weniger wäre oft mehr. Was mir allerdings bei diesen Fürbitten fehlt, ist der Bezug zu den Krisen dieser Welt, es ist alles sehr persönlich und „ich-bezogen". Aber: Die Fürbitten dauern keine drei Minuten und dann kommt das Dankgebet; wiederum werden über die Leinwand Beiträge eingeblendet, wofür die Teilnehmer des Gottesdienstes dankbar sind, und das Ganze in einem abschließenden Gebet zusammengefasst. Fürbitte und Dank dauern, dank dem Einsatz modernster Technik, gerade mal fünf Minuten, und das ist okay und reicht auch, finde ich! Nun folgt ein Werbeblock, bei dem wiederum die diversen Leinwände und Einspielungen eine wichtige Rolle spielen, es wird deutlich, man ist Teil einer großen, ja weltweiten, Bewegung, man ist dabei, die Welt zu verändern, verschiedene Länder und Regionen in Australien, aber auch weltweit, sind über die Fernsehkameras „zugeschaltet"!

Dann betritt Karen Wave, die Frau von Terry Wave (die Namen habe ich geändert) unter frenetischem Applaus die Bühne. Dieses Ehepaar hat 1983 diese Kirche gegründet. Offensichtlich waren die beiden für mehrere Wochen nicht anwesend und werden nun umso herzlicher begrüßt. Karen hält eine etwa zehn Minuten dauernde, Powerpoint-unterstützte „Predigt" über die Bedeutung der Kollekte. Mir wird deutlich gemacht, dass die Art und Weise, wie ich diese

Veranstaltung und diese Gemeinde finanziell unterstütze, etwas über meinen Glauben aussagt, ja dass ich sogar im Glauben wachse, wenn ich über meinen Schatten springe und eine möglichst großzügige Spende tätige. Zum ersten Mal fühle ich mich in dieser Veranstaltung richtig unwohl. Auf der Großleinwand wird dann gezeigt, wie man spenden kann, vor allem auch übers Internet, und anschließend wird dann die Kollekte eingesammelt. Die Gemeinde zeigt sich von Mrs. Waves Ansage relativ unbeeindruckt, viele lassen den Sammeltopf einfach weitergehen. Nun kommt wieder ein Praise Song, dann gibt es einen weiteren Werbeblock für das Hilfswerk „Compassion". Es werden viele lachende und spielende Kinder gezeigt, doch was „Compassion" eigentlich tut, wird nicht so richtig deutlich. Da ich seit vielen Jahren musikalischer Botschafter der CBM bin, weiß ich, dass man das (ausnahmsweise) viel besser machen kann. Die Werbung für dieses Hilfswerk plätschert an mir vorbei. Als Terry Wave schließlich die Bühne betritt, haben wir einen Werbeblock von einer gefühlten halben Stunde hinter uns gebracht, ich fühle mich nicht ernst genommen, ich fühle mich ein bisschen missbraucht. Terry Wave (der „Wiedergekehrte") wird frenetisch begrüßt. In den ersten Reihen, direkt vor ihm, sitzt eine Gruppe von vielleicht hundert Bibelschülerinnen und Bibelschülern, die ihm auch während der Predigt Dinge zurufen und ihn bestärken. Zunächst spricht Terry ein Gebet und dann dürfen wir uns alle sechzig Sekunden lang Zeit nehmen, unsere hinter und vor uns sitzenden Nachbarn zu begrüßen, und es ist genauso steif und peinlich wie bei einem ganz normalen Sonntagmorgengottesdienst. Diese plötzlich verordnete Herzlichkeit, dieses unvermittelte Wahrnehmen des Einzelnen kommt hier genauso überraschend wie in einem traditionell liturgisch geprägten Gottesdienst bei uns.

Seine Predigt beginnt er mit scheinbar lustigen Anmerkungen über irgendwelche Sportergebnisse (die wir nicht verstehen, die aber die Gemeinde sehr lustig findet) und seinen USA-Aufenthalt, wo er, wie er betont, in einem Fünf-Sterne-Hospital in den USA auf Herz und Nieren durchgecheckt wurde. „Warum betont er das?", frage ich mich und erinnere mich an die „Kollektenpredigt" seiner Frau. Mr. Wave ist ein kerniger, humorvoller, fitter 62-jähriger, eine Mischung aus George Clooney und Sean Connery. Warum muss so einer, der sein Gehalt ja offensichtlich von einer durch Spenden finanzierten Großgemeinde erhält, betonen, dass er in einem amerikanischen Fünf-Sterne-Krankenhaus durchgecheckt wurde. Jeder, der das amerikanische Gesundheitssystem kennt, weiß: Das war teuer! Doch „Schwamm drüber", die gute Nachricht ist: Das biologische Alter des 62-jährigen liegt bei 46 Jahren und seine Altersprognose bei 96 Jahren. Nachdem diese Facts abgefeiert wurden, nähern wir uns allmählich dem Predigttext. Terry Wave ist eine charismatische Persönlichkeit, er kann die Menschen fesseln, mit dem, was er sagt. Allerdings lebt seine „freie" Predigt von der Redundanz, Begriffe und Adjektive werden ständig wiederholt, und eine wirklich theologische Tiefe kann ich nicht erkennen. Ich muss immer wieder an die „Wort zum Sonntag"-Persiflage von Otto Waalkes oder an die Penetranz eines Mario Barth denken. Mr. Wave sagt, was gut in 15 Minuten zu sagen wäre, in 30 Minuten. Zwischendurch gibt es so merkwürdige Situationen, dass er, als er über die Einzigartigkeit jedes Menschen spricht, die Gemeinde auffordert, es laut hinauszurufen: „Ich bin ein Individuum!", was die Gemeinde auch brav vollzieht und im kollektiven Chor ruft: „Ich bin ein Individuum!" – Na also, geht doch, denke ich – das ist Slapstick im Glanzformat. Die Predigt endet mit dem Aufruf zur Entscheidung, also auch, wenn man den Eindruck hat, man sei zwar bereits Christ, aber der Glaube sei doch ein wenig schwächer geworden oder „nicht mehr so frisch", dann solle man doch bei 1-2-3 die Hand heben. „Jetzt ist die Zeit, neu anzufangen. Jetzt ist die Zeit, Jesus dein Herz neu zu öffnen!" Hier hätten nun eigentlich alle Hände in die Höhe schnellen müssen. Denn das ist doch sehr oft mein Eindruck, dass ich mir mehr Liebe, mehr

Freude und mehr Begeisterung in meinem Glauben wünsche und brauche. Davon kann ich doch gar nicht genug bekommen. Hier wird ein theologisch und auch seelsorgerlich richtiger Gedanke und eine tiefe Sehnsucht jedes Menschen m. E. missbraucht und instrumentalisiert. Die Gemeinde ist das scheinbar gewohnt, hat das scheinbar schon oft gehört, und dieser Appell zieht, wie schon die Kollektenpredigt, unbehelligt an ihr vorüber, nur vereinzelt sehe ich Menschen ihre Hand heben. Zur Belohnung bekommen alle, die es wollen, am Ausgang eine Bibel geschenkt. Und dann geht alles ganz schnell: Ein kurzes Abschlussgebet, von Musik untermalt, ein „Rausschmeißer-Praise Song" und ein kurzes „Be dismissed in the name of the Lord!", ein „Vaterunser" fehlt gänzlich und letztlich auch der Segen, auch wenn auf der Leinwand zum Abschluss steht: „Be blessed!" Unter den wummernden Klängen der Band werden wir aus der Halle hinausgespült und stehen wieder im Merchandise-Raum, wo sich eine lange Schlange gebildet hat, um das neueste Album „Let there be light" zu erstehen, das, wie im Gottesdienst verkündet wurde, auf Platz 2 der nationalen Albumcharts gestartet ist. Wir begeben uns ins Freie und kaufen uns an einem der Stände einen leckeren Kaffee. Ins Gespräch kommen wir mit niemandem (in den Pubs, die wir an den Abenden besuchen, sind die Menschen wesentlich kontaktfreudiger). Abschließend erwerben wir noch die neue CD und DVD. Als wir das Gebäude verlassen, ist uns ein wenig kühl, und das nicht nur wegen der vielleicht etwas zu stark eingestellten Klimaanlage.

DER KIRCHEN-KNIGGE

Herzlich willkommen in unserer Kirche.
Wir bitten Sie einen Augenblick um Ihre ungeteilte Aufmerksamkeit
für einige wichtige Hinweise.

Der Gottesdienst wird etwa eine Stunde dauern.
Bitte verstauen Sie Ihr Gepäck unter der Bank,
im Gepäcknetz über Ihnen sitzen in der Regel auch Personen.
Das Anlegen von Sicherheitsgurten ist nicht notwendig.

Das Mitführen von Haustieren ist nicht gestattet.
Sie befinden sich ausserdem in einem Nichtraucherbereich.
Wir bitten um Ihr Verständnis, dass auch auf den Toiletten
das Rauchen nicht gestattet ist.
Falls Sie ein elektronisches Gerät benutzen, so schalten Sie dies bitte aus.
Die Rückenlehne der Bank kann nicht verstellt werden,
ebenso gibt es keine Klapptischchen.

Sollte es zu einem Druckabfall in der Kirche kommen, können wir
leider nichts für Sie tun – außer beten.
Die Notausgänge befinden sich zu beiden Seiten der Kirche.
Nach dem Verstummen der Glocken sind die Gespräche einzustellen.
Während des Gottesdienstes wird gesungen. Gesangbücher werden zur
Verfügung gestellt. Bitte legen Sie diese nach Gebrauch wieder zurück!
Sie sind Eigentum der Kirchengemeinde und kein Werbegeschenk.

Um den Gemeinschaftssinn zu stärken, bitten wir Sie, mitzusingen,
auch wenn Ihnen das Lied nicht vertraut ist. In diesem Fall achten Sie
bitte auf Ton-und Lippensynchronizität.
Wird Ihnen während der Zeremonie ein Klingelbeutel gereicht,
so dürfen Sie gerne Geld hinzufügen, jedoch nichts entnehmen.
Kartenzahlung ist nicht möglich.
Auf Kommentare während der Predigt bitten wir zu verzichten;
Fragen sind nicht üblich.
Die Einnahme von Speisen und Getränken ist nur
während des Abendmahls gestattet.

Bitte akzeptieren Sie die Ihnen zugeteilte Brot-Ration und entnehmen Sie dem Kelch nur einen Schluck Wein, den Sie bitte nicht schlürfend über die Zunge rollen lassen, um ihn anschließend auszuspucken.
Dies ist keine Weinprobe.
Achten Sie auf die Handzeichen des Pfarrers oder der Pfarrerin. Diese geben an, wann Sie sich bereit machen sollen für Start und Landung.
Die Worte des Pfarrers „So gehet nun hin mit dem Segen des Herrn" bedeuten nicht, dass Sie die Kirche verlassen sollen.
Warten Sie auf den Segen und das Orgelnachspiel.
Ich verabschiede mich nun von Ihnen und bedanke mich, dass Sie sich heute für den 10 Uhr-Gottesdienst entschieden haben.
Ich hoffe, die Stunde mit uns wird Ihnen gefallen und würde mich freuen, Sie recht bald schon wieder in unserem Haus begrüßen zu dürfen.
Ihnen einen schönen Sonntag, auf Wiedersehen und nochmals Danke.

TEXT: CORNELIA SCHMIDT (MIT ERGÄNZUNGEN VON CLEMENS BITTLINGER)

Aufsteh'n, aufeinander zugeh'n

Für eine Oster-Rock-Nacht im RTL-Fernsehen habe ich 1994 das Lied „Aufsteh'n, aufeinander zugeh'n" geschrieben. Dabei habe ich mich musikalisch von dem Purple Schulz-Song „Nette Leute" inspirieren lassen und die Autoren später auch als Mitkomponisten bei der Gema angemeldet. Dieser Song war nicht nur der Titelsong dieser Fernsehsendung, sondern auch das Mottolied einer gleichnamigen bundesweiten Aktion. Gemeinsam mit meinem katholischen Kollegen Stefan Wahl moderierten wir diesen außergewöhnlichen einstündigen Fernsehgottesdienst. Die musikalische Gestaltung hatte die Band „Schulze" übernommen, und als besondere Gäste hatten wir Cem Özdemir, der damals als frisch gebackener MdB des Wahlkreises Ludwigsburg für die Grünen im Bundestag saß, und den Frontsänger der Gruppe PUR, Hartmut Engler, zu Gast. Die liturgische Gestaltung wurde von einer multikulti-zusammengesetzten Jugendgruppe übernommen. Leider wurde diese Sendung erst nach Mitternacht ausgestrahlt, so dass wir nicht viel mehr als 200 000 Zuschauer erreichen konnten.

Geblieben ist jedoch der Song „Aufsteh'n, aufeinander zugeh'n" mit einer unglaublichen Resonanz. Viele Schulen haben diesen Song zu ihrer Schulhymne ausgewählt, anhand der Abdruckzahlen, die offiziell registriert wurden (Vg Musikedition), konnte man ablesen, wie dieses Lied immer größere Kreise zog. Als schließlich im Jahr 2005 der Sänger und Co-Moderator der Sarah-Kuttner-Show (VIVA) den Song aus Spaß in die Sendung mit einbrachte, wurde dieser Song noch einmal richtig bekannt. Eigentlich wollte Sven Schumacher das Lied veräppeln, aber die Leute mochten es, und so wurde ein richtiger Hit daraus, der sogar in den Bravo-Charts und auf Platz 1 der VIVA-Charts landete.

AUFSTEH'N, AUFEINANDER ZUGEH'N

Wir wollen aufsteh'n, aufeinander zugeh'n, voneinander lernen miteinander umzugeh'n, aufsteh'n, aufeinander zugeh'n und uns nicht entfernen, wenn wir etwas nicht versteh'n.

Viel zu lange rumgelegen, viel zu viel schon lamentiert.
Es wird Zeit, sich zu bewegen, höchste Zeit, dass was passiert.

Jeder hat was einzubringen, diese Vielfalt – wunderbar.
Neue Lieder woll'n wir singen, neue Texte laut und klar.

Diese Welt ist uns gegeben, wir sind alle Gäste hier.
Wenn wir nicht zusammenleben, kann die Menschheit nur verlier'n.

Dass aus Fremden Nachbarn werden, das geschieht nicht von allein.
Dass aus Nachbarn Freunde werden, dafür setzen wir uns ein.

Wir wollen aufsteh'n, aufeinander zugeh'n, voneinander lernen mit einander umzugeh'n, aufsteh'n, aufeinander zugeh'n und uns nicht entfernen, wenn wir etwas nicht versteh'n.

TEXT: CLEMENS BITTLINGER | MUSIK: BITTLINGER, SCHULZ, PIEK

Der Text dieses Liedes hat von Jahr zu Jahr (leider) an Aktualität gewonnen, und so bekomme ich Anfragen von Inklusionsprojekten, Obdachlosen- und Flüchtlingsinitiativen, Schulen, Kindergärten und Kirchengemeinden, die „Aufsteh'n aufeinander zugeh'n" zu ihrem Motto erklärt haben. Für mich ist die Zeile, „Wir wollen aufsteh'n, aufeinander zugeh'n und uns nicht entfernen, wenn wir etwas nicht versteh'n.", besonders wichtig, denn ich bin überzeugt davon, dass nur dann Integration von Flüchtlingen gelingen kann, wenn wir beieinander bleiben, gerade auch dann, wenn es nicht rund läuft und wir nicht so richtig verstehen, warum der andere nicht so dankbar, offen und lernbereit ist, wie wir es erwarten. Dann dabei zu bleiben, das Gegenüber wirklich zu begleiten und sich Zeit zum Zuhören zu nehmen, das ist die eigentliche Herausforderung. Nur dann kann aus der geradezu überwältigenden Willkommenskultur in Deutschland eine nachhaltige Begleitkultur werden, wenn wir diesen langen Atem haben, auch dann dabei zu bleiben, wenn wir etwas nicht verstehen. Das Gleiche gilt für die Verbindung und den Kontakt zu jenen in unserem Land, die Ängste haben, Angst vor Überfremdung, Angst um ihre

Arbeitsplätze, Angst vor dem Islam. Es nützt doch niemanden etwas, wenn der Gesprächsfaden abreißt und man sich gegenseitig nur noch in Schubladen packt und etikettiert. Irgendjemand hat einmal gesagt: „Etikettieren ist einfacher als argumentieren!" Indem ich dem anderen z. B. das Etikett „Nazi" anhänge, entlasse ich mich aus der Pflicht, ihm ernsthaft zuzuhören und mich mit seinen Argumenten auseinanderzusetzen. In Verbindung bleiben ist nicht immer einfach und bequem, aber es ist die einzige Möglichkeit, wenn wir gemeinsam die Zukunft in unserer Gesellschaft gestalten wollen.

Neues wagen

Der renommierte Theologe Paul Tillich beschrieb einmal „die Grenze" als den eigentlichen Ort der Erkenntnis. Wenn wir gerade auch mit denen, die uns fremd sind, in Verbindung treten und bleiben wollen, müssen wir uns immer wieder auf und an unsere eigenen Grenzen wagen.

AUF DER GRENZE

Auf der Grenze will ich stehen,
mitten drin im Horizont,
in Gedanken dorthin gehen,
wo die Morgensonne wohnt,
mit den Beinen will ich stehen
fest bei dir im Jetzt und Hier,
doch mein Herz muss weitersehen,
weil ich sonst den Traum verlier.

Auf der Grenze will ich warten
und will nicht zufrieden sein,
denn ich warte, um zu starten
in fremdes Terrain hinein,
warte, um beherzt zu springen
über meinen Schattenrand
und um kraftvoll vorzudringen
in ein unbekanntes Land.

Auf der Grenze will ich singen
von dir, Gott, und von dir, Welt,
Lieder, die nach außen dringen,
Lieder meiner Innenwelt.
Zwischen Angst und zwischen Mut,
zwischen Tod und Leben
sing ich aus Trost und Wut,
sing ich auf der Grenze eben.

Auf der Grenze will ich glauben,
weil ich dort die andern seh',
die vielleicht was and'res glauben,
ich will lernen zu versteh'n,
dass die Liebe Gründe findet,
über Grenzen weg zu seh'n,
dass sie Mauern überwindet,
wo wir Stacheldrähte zieh'n.

TEXT: CLEMENS BITTLINGER

ZOLL

„Sie müssen Zoll bezahlen,"
sagte der Zöllner an der Grenze,
„wenn Sie Neuland betreten wollen,
müssen Sie dafür bezahlen."
Zögernd hole ich meine Schatzkiste
heraus, angesammelt mit den
Erfahrungsschätzen meines Lebens.
„Und was kostet mich der Übergang?"
„Geben Sie mir Ihre Ängste, Ihre Vorurteile
und ihre Absicherungen – das ist der Preis
für den Übergang!" Da schluckte ich und sagte:
„Das ist aber teuer!"

TEXT: SIGI ZIMMER

Ausblick:

Am Ende dieses Buches möchte ich mir gerne noch einmal das Titelbild genauer anschauen: Es erinnert mich ein bisschen an das Altarbild in der evangelischen Inselkirche auf der Insel Langeoog. Auch dort ist ein Steg zu sehen, auf dem Menschen mit ihrem Gepäck stehen und warten. Bei diesem Bild hier sehen wir nur einen Menschen, offensichtlich eine Frau, in einem langen schwarzen Kleid. Sie steht am Ende eines Steges, am Ufer eines größeren Gewässers, wahrscheinlich ist es das Meer, denn der Horizont geht über in die sanften Wolken. In der linken Hand hält sie einen Reisekoffer, und mit der rechten Hand berührt sie eine Leiter, die von oben, wie aus dem Nichts oder vom Himmel, bis zu der Hand der Frau reicht. Es könnte auch sein, dass die Leiter gerade wieder hochgezogen wird und die Frau sie abschließend, dezent winkend, nochmals berührt. In diesem Fall wäre die Frau vielleicht ein Engel, gerade auf der Erde „gelandet", an einem Steg. Die Verbindung nach oben, in eine andere Dimension, ist in jedem Fall angedeutet, ich entdecke aber auch eine gewisse Aufbruchsstimmung und die Sehnsucht nach Weite, die dieses Bild in mir auslöst. „Bleibe in Verbindung" ist der Titel dieses Buches, und das Bild zeigt mir die verschiedenen Verbindungen an, in denen ich bleiben möchte. Da ist zunächst die spirituelle Verbindung, sie wird in unseren Bildern immer mit „nach oben" dargestellt, eben weil wir uns den Himmel „oben" vorstellen. Im Englischen gibt es die Unterscheidung zwischen „sky" und „heaven"; beides bedeutet „Himmel", aber die eine Bedeutung beschreibt den Himmel über uns, und die andere Bezeichnung die unsichtbare himmlische und spirituelle Welt, die weder oben noch unten ist, sondern alles durchdringt. Wie dem auch sei, früher hat man sich den Himmel immer „oben" und die Hölle immer „unten" vorgestellt und dazwischen eben unser Leben hier auf der Erde. Mich erinnert dieses Bild auch an „Jakob und die Himmelsleiter", an eine Erzählung aus dem Alten Testament. Darin wird von einem Traum Jakobs (einem der Stammväter Israels) berichtet. Er sah, wie sich der Himmel öffnete und eine Leiter als Verbindung zwischen Himmel und Erde sichtbar wurde, auf der die Engel auf- und abstiegen. Ein schönes Bild für das Thema dieses Buches, die auf- und absteigenden Engel, gewissermaßen ständig unterwegs als Boten Gottes mit himmlischen Botschaften für die Erde und mit irdischen Botschaften für den Himmel – ein stetiger Austausch der göttlichen und der irdischen Welt. Vielleicht ist die Frau auf dem Bild der Engel, der mir als nächstes in Form eines ganz normalen Menschen begegnet. Ich möchte diese himmlische Verbindung nicht missen, sie gehört zu meinem Leben einfach dazu: Gebet, Segen, gemeinsames Singen, tätige Nächstenliebe, Gottesdienste, Begegnungen mit anderen Gläubigen, gemeinsames Essen und Trinken, Abend- und Agapemahl, Gastfreundschaft, Studienreisen auf den Spuren der biblischen Berichte, Kunst in der Architektur, Musik und bildenden Kunst – all das und so viel mehr gehört zu dieser Verbindung, die unser Leben reich und heilsam machen kann. Ich möchte aber auch die Verbindung zu meinen Träumen und Sehnsüchten nicht verlieren – dafür steht für mich der Steg hinaus aufs offene Meer.

Für die Verbindung zu den Menschen, mit denen ich lebe und die mir wichtig sind, steht für mich der Koffer. Dieser Koffer steht aber natürlich auch für die großen Migrationsbewegungen unserer Zeit. Viele haben die Koffer gepackt und schauen sehnsüchtig hinaus aufs Meer. Wir stehen als Völkergemeinschaft vor der ungeheuren Aufgabe, dass niemand ins Wasser fallen darf und ertrinken muss.

Für mich persönlich sagt dieses Bild: Ich trage das Notwendigste bei mir, um immer wieder in der Lage zu sein, mit leichtem Gepäck aufzubrechen zu neuen Ufern, aber auch um Kontakt zu halten zu den Beziehungen, die mich tragen und geprägt haben. Diese „Verbindungsvielfalt" wünsche ich Ihnen. Danke, dass Sie sich die Zeit genommen haben, meinen Gedanken zu folgen.

Mit den besten Wünschen, Ihr Clemens Bittlinger

Dank

Ich möchte mich sehr herzlich bei all denen bedanken, die mitgeholfen haben, dass dieses Buch entstehen konnte. Mein Dank gilt Paul M. Zulehner, der mich auf die Idee zum Titel dieses Buches und der CD gebracht und der auch das schöne Vorwort geschrieben hat. Danken möchte ich Karl Neuwöhner und meiner Schwester Silla, denen ich mal wieder den „Rohbau" des Manuskripts zumuten durfte, Angelika Johl, Toivo Miller, Ingrid Boller und meiner Frau Rosi für die inhaltliche und grammatikalische Durchsicht. Meiner Frau möchte ich auch für die „Achtsamkeitsübung" (Funktionelle Entspannung, nach M. Fuchs) danken. Herzlich danken möchte ich auch Olaf Johannson und Daniel Eschner von spoon design für die grafische Gestaltung und Umsetzung.

Literaturnachweis

Hartmut Rosa: „Resonanz, eine Soziologie der Weltbeziehung"
(Suhrkamp, Berlin 2016)

Martin Schleske: „Herztöne" (adeo, Wetzlar 2017)

Tiki Küstenmacher: „simplify your life – endlich mehr Zeit haben"
(Campus Verlag, 2001)

Eugen Drewermann: „Strukturen des Bösen" (Schönigh 1988)

Hamed Abdel Samad: „Mein Abschied vom Himmel" (Knaur, 2009)

Richard David Precht: „Wer bin ich und wenn ja, wie viele?"
(Goldmann, 2013)

Bittlinger/Vogt: „Die Sehnsucht leben – Gottesdienst neu entdeckt"
(Kösel, München 1999)

„Zum Bilde Gottes geschaffen – Transsexualität in der Kirche"
(Darmstadt 2018)

Die biblischen Zitate in diesem Buch sind, wenn nicht anders gekennzeichnet, der Lutherbibel 2017 (Deutsche Bibelgesellschaft, Stuttgart 2017) entnommen.

Bücher und CDs von Clemens Bittlinger (in Auswahl):

BUCH

- Da, wo ich bin, da will ich sein (Kreuz Verlag, Freiburg 2011)
- Du bist bei mir (Brunnen Verlag Gießen 2014)
  Geschenkband für Jugendliche zum Psalm 23
- Großzügigkeit. Kleinkariert war gestern (Kreuz Verlag, Freiburg 2014)
- HabSeligkeiten. Eine Anleitung zum Glücklichsein (Herder, Freiburg 2017) – Neuauflage als Taschenbuch
- Du siehst mich (Adeo Verlag, Asslar 2017)
- Dieses Kreuz (Herder Verlag, Freiburg 2018), *zusammen mit Klaus Berger*

CD

- Perlen des Glaubens (Sanna Sound/Herder 2008), *das offizielle Songalbum zu dem wundersamen Perlenband*
- HabSeligkeiten (Sanna Sound/Herder 2009)
- Mensch Jesus (Herder 2014)
- Unerhört (Sanna Sound/Herder 2015)
- Herr, kehre ein in dieses Haus (Sanna Sound/ Vier Türme Verlag 2017), *gemeinsam mit Pater Anselm Grün*
- Bleibe in Verbindung (Sanna Sound/Gerth Medien 2018)

Alle Bücher und CDs von Clemens Bittlinger
rund um die Uhr bestellen bei: *www.sanna-sound.de*

Anfragen, Infos und Kontakt unter:
www.bittlinger-mkv.de

E-Mail Kontakt:
chris.miller@gmx.net

© 2018 Sanna Sound

Nachdruck und Vervielfältigung, auch auszugsweise,
nur mit Genehmigung des Verlages.

Sanna Sound Musikversand
Jörg Wegel
Jochertweg 38
64401 Groß Bieberau-Rodau
Tel. 06166-932062
Fax 06166-932073

1. Auflage 2018

Bestellnummer: Sanna 179
ISBN: 978-3-9820034-0-5

Gestaltung und Satz: spoondesign.de
Lektorat: Angelika Johl, Toivo Miller, Karl Neuwöhner, Rosi Bittlinger
Korrektorat: Ingrid Boller

Druck und Verarbeitung: Wort im Bild Druckerei,
Eichbaumstraße 17B, 63674 Altenstadt

Printed in Germany